# OS SEGREDOS DO UNIVERSO

## Paulo Sergio Bretones

**Coordenação**
Luiz Carlos Pizarro Marin

**Ilustrações**
Dawidson França
Estudio Ampla Arena
Conceitograf

11ª edição
**Conforme a nova ortografia**

*Copyright* © Paulo Sergio Bretones, 1993

**Saraiva S.A. Livreiros Editores**
R. Henrique Schaumann, 270 — Pinheiros
05413-010 — São Paulo — SP

SAC | 0800-0117875
De 2ª a 6ª, das 8h30 às 19h30
www.editorasaraiva.com.br/contato

**Dados Internacionais de Catalogação na Publicação (CIP)**
**(Câmara Brasileira do Livro, SP, Brasil)**

Bretones, Paulo Sergio
   Os segredos do universo / Paulo Sergio Bretones ; coordenação Luiz Carlos Pizarro Marin. — 11. ed. – São Paulo : Atual, 2014.

   Suplemento de atividades. Bibliografia.
   ISBN 978-85-357-1934-5
   ISBN 978-85-357-0884-4 (professor)

   1. Astronomia 2. Cosmologia 3. Cosmologia (Ensino fundamental) I. Marin, Luiz Carlos Pizarro. II. Título.

08-11590                                                    CDD-523.2

**Índice para catálogo sistemático:**
1. Universo : Astronomia   523.2

2ª tiragem, 2015

**Coleção Projeto Ciência**
*Gerente editorial*: Rogério Gastaldo
*Editora-assistente*: Solange Mingorance
*Revisão*: Pedro Cunha Jr. (coord.) / Amanda Lenharo / Thâmara Veríssimo / Lilian Semenichin / Veridiana Cunha
*Pesquisa iconográfica*: Cristina Akisino (coord.) / Roberto Silva
*Gerente de arte*: Nair Medeiros Barbosa
*Assistente de produção de arte*: Grace Alves
*Coordenação eletrônica*: Silvia Regina E. Almeida
*Projeto gráfico, capa e diagramação*: Commcepta Design
*Ilustrações*: Dawidson França / Estudio Ampla Arena / Conceitograf
*Imagem de capa*: Ian McKinell / IPC / Getty Images — Meteoro atravessa o céu
*Suplemento de atividades*: Kátia Mantovani
*Produção gráfica*: Rogério Strelciuc
*Impressão e acabamento*: Arvato Bertelsmann

"Todas as citações de textos contidas neste livro estão de acordo com a legislação, tendo por fim único e exclusivo o ensino. Caso exista algum texto a respeito do qual seja necessária a inclusão de informação adicional, ficamos à disposição para o contato pertinente. Do mesmo modo, fizemos todos os esforços para identificar e localizar os titulares dos direitos sobre as imagens publicadas e estamos à disposição para suprir eventual omissão de crédito em futuras edições."

809587.011.002

# OS SEGREDOS DO UNIVERSO
Paulo Sergio Bretones

**SUPLEMENTO DE ATIVIDADES**

Nome: _____

Escola: _____ Ano: _____

## PARTE I

Complete os espaços com o termo adequado.

1. "Astro errante" é o significado da palavra grega _____ .

2. Os cinco planetas mais brilhantes, visíveis a olho nu, são: _____ , _____ , _____ , _____ e _____ .

3. A velocidade da luz é aproximadamente _____ .

4. _____ é a estrela mais brilhante vista da Terra.

5. As coordenadas horizontais da esfera celeste, utilizadas para localizar um astro no céu, são a _____ e o _____ .

6. O ponto mais alto na esfera celeste chama-se _____ , que é oposto ao ponto _____ .

7. O sistema equatorial de coordenadas dos astros na esfera celeste inclui a _____ e a _____ .

8. A faixa do céu na qual observamos os planetas chama-se _____ .

9. Segundo a lenda, os _____ eram seres metade homem, metade cavalo, que viviam nas florestas e criaram o estudo da botânica.

10. Os agrupamentos de estrelas são chamados de sistemas estelares; estes podem ser _____ , _____ ou _____ .

11. _____ é um corpo luminoso que emite energia.

**12.** A temperatura superficial do Sol é da ordem de _____ , e ele é uma estrela classificada como _____ .

**13.** Os _____ são originados a partir das estrelas de nêutrons.

**14.** O _____ se forma pela diminuição do tamanho de uma estrela que entrou em colapso devido à sua grande força gravitacional.

**15.** Ao redor da Via Láctea giram duas pequenas galáxias: as _____ .

**PARTE II**

Responda às seguintes questões:

**1.** Por que não percebemos o movimento dos corpos celestes, apesar de todos eles se deslocarem?
_____
_____

**2.** O que são constelações?
_____
_____

**3.** O que é ano-luz?
_____
_____
_____

**4.** Como é a forma padrão de nomenclatura das estrelas?
_____
_____
_____
_____

**5.** O que é o eixo do mundo?
_____
_____
_____

**PARTE IV**

Leia o texto e responda às questões:

### No inverno, falta energia solar

Muita gente pensa que o inverno acontece porque a Terra chegaria, nesta época, ao ponto máximo de afastamento do Sol. Não é verdade. Porque, se assim fosse, o hemisfério norte teria o inverno também nesse período — a neve deveria cair nos meses de junho, julho e agosto, e não no Natal. O que muda de uma estação para outra é a inclinação com que os raios solares nos chegam. Embora possa ser difícil visualizar, não é nada complicado. É que a Terra está inclinada em relação ao plano em que o planeta gira ao redor do Sol. Assim, alternadamente, um ou outro hemisfério fica mais — ou menos — exposto aos raios solares.

Em São Paulo, por exemplo, no verão, o sol do meio-dia bate o pino. Mas, no inverno, os raios solares chegam inclinados cerca de 47 graus. Isso quer dizer que a cidade recebe perto de um quarto a menos de energia nessa estação do que no mesmo horário, no verão. Essa energia aquece o solo e é devolvida em forma de radiação infravermelha. Esta, então, é absorvida pelas moléculas de água ($H_2O$) e gás carbônico ($CO_2$) das camadas inferiores do ar, próximas da superfície. É isso o que provoca o efeito estufa (aquecimento do globo). O ar quente sobe, no chamado movimento de convecção, e eleva a temperatura da atmosfera. Se no inverno o hemisfério sul recebe menos raios solares, então todo esse fluxo de energia também é menor, ou seja, a temperatura das camadas inferiores da atmosfera é mais baixa.

Com o movimento de convecção menor, as moléculas de água têm dificuldade em ser arrastadas para cima. Daí, o ar fica mais seco nos meses frios. Também os grãos de poeira, que são muito pesados, ficam no solo, deixando o ar mais limpo. Livre dos grãos de poeira e das gotículas de água — que refletem em maior proporção as luzes de comprimentos de onda maiores —, o ar puro espalha melhor a cor azul. No verão, ao contrário, a poeira e a água no ar tornam o céu esbranquiçado.

Augusto Damineli Neto. *Superinteressante*, n. 6, ano 8, junho de 1994. p. 72.

**1.** Se não ocorresse variação na inclinação do eixo da Terra e, consequentemente, na inclinação dos raios solares que atingem o solo, as estações do ano continuariam a existir? Justifique.

**2.** Por que durante o inverno o céu parece mais azulado?

**3.** Sabendo-se que o verão no Hemisfério Sul tem início no dia 22 de dezembro e cada uma das quatro estações tem a mesma duração, indique:

**a)** Qual o tempo de duração de cada estação do ano?

**13.** Quando, de acordo com os cientistas, o Sol se transformará numa supergigante vermelha?
___

**14.** O que são as galáxias? Em que galáxia se encontra o sistema solar?
___
___

**15.** O que são os quasares?
___
___
___

**16.** Segundo as teorias, o que foi o *Big Bang*?
___
___
___

## PARTE III

Relacione as colunas:

**1.** Das constelações e suas estrelas mais brilhantes:

( a ) Aldebarã         ( ) Escorpião
( b ) Antares          ( ) Cão Maior
( c ) Sirius           ( ) Touro
( d ) Poláris          ( ) Ursa Maior
( e ) Toliman          ( ) Leão
( f ) Markab           ( ) Centauro
( g ) Alpheratz        ( ) Andrômeda
( h ) Régulus          ( ) Pégaso

**2.** Da cor e temperatura aproximada da superfície das estrelas:

( a ) 3.000 °C         ( ) brancas
( b ) 6.000 °C         ( ) vermelhas
( c ) 10.000 °C        ( ) azuis
( d ) 30.000 °C        ( ) amarelas

6. Como surgiu a nebulosa do Caranguejo?

7. Por que o símbolo mitológico do escorpião está associado à escuridão e à morte?

8. O que são os Pontos Solsticiais? Como e quando são determinados?

9. O que são os Pontos Equinociais? Como e quando são determinados?

10. De que formas a energia poder ser emitida pelas estrelas?

11. A estrela mais brilhante é aquela que emite um maior fluxo de luz em nossa direção? Justifique.

12. Por que as estrelas podem permanecer estáveis por bilhões de anos?

**b)** Quais as datas de início do outono, do inverno e da primavera?
___
___
___

# APRESENTAÇÃO

Por que as estrelas cintilam? Como elas nascem, evoluem e se transformam? É possível distingui-las dos planetas no firmamento? Ao longo do tempo, os cientistas puderam entender muitos fenômenos que ocorrem no interior das estrelas. Sabemos hoje que as diferentes cores das estrelas revelam reações termonucleares de altíssimas energias e estão relacionadas com seus tipos, temperatura, tamanho e até idade. Idade, sim, porque as estrelas têm vida. Elas nascem, vivem e se transformam com expansões, contrações e explosões. Viram nebulosas ou até buracos negros, de onde nem a própria luz pode escapar, e atraem tudo o que puderem. Muitas delas são, na verdade, galáxias, um conglomerado de milhões de astros semelhante à nossa Via Láctea.

Você sabia que, pelo fato de os planetas girarem ao redor do Sol aproximadamente no mesmo plano, são vistos da Terra sempre numa mesma faixa do céu? E mais: as constelações que se encontram, total ou parcialmente, nessa faixa do céu são as chamadas constelações do zodíaco? Essas constatações são fruto de pesquisas ao longo da história da humanidade.

Todas essas descobertas, no entanto, ainda não permitiram responder à questão que desafia a mente humana desde o início de sua existência: qual a origem do universo? Há algumas teorias sobre o assunto, como você vai ver nas páginas seguintes. A mais aceita e conhecida diz que o universo foi criado numa grande explosão, o *Big Bang*, e está se expandindo continuamente.

Mesmo assim, cada nova descoberta, cada teoria desenvolvida suscita outras dúvidas, cujo esclarecimento depende das observações e da troca de experiências entre estudiosos do mundo todo. Esse é o caminho da ciência. Eu convido você a percorrer uma parte desse caminho durante a leitura, desvendando (alguns) segredos do universo.

Paulo Sergio Bretones

# SUMÁRIO

**1. CONSTELAÇÕES, PLANETAS E ESTRELAS — 5**
Planetas visíveis a olho nu — 6
Constelações — 6
    Estrelas com nome e sobrenome — 9

**2. A ESFERA CELESTE — 11**
Movimento diurno da esfera celeste — 13

**3. AS CONSTELAÇÕES DO ZODÍACO — 17**
Histórias de estrelas — 20
    A eclíptica, solstícios e equinócios — 26
    Os sistemas estelares — 28

**4. EVOLUÇÃO ESTELAR — 29**
Brilho, cor e temperatura das estrelas — 29
Anãs, gigantes e supergigantes — 31
O diagrama H-R — 31
Nascimento e evolução das estrelas — 33
Estrela de nêutrons — 35
Buraco negro — 36

**5. GALÁXIAS — 37**
A Via Láctea — 37

**6. ORIGEM DO UNIVERSO — 43**

Folha da Ciência — 47
Observatórios e planetários — 50
Museus e parques — 57
Filmes e vídeos — 58
*Links* interessantes — 59
Bibliografia sugerida — 62

# CONSTELAÇÕES, PLANETAS E ESTRELAS

Sol no horizonte terrestre.

OBSERVAR O CÉU EM NOITES BONITAS SIGNIFICA ATENTAR-SE A CENTENAS DE ESTRELAS, REGIÕES ESBRANQUIÇADAS E REGIÕES MUITO ESCURAS E DENSAS. CONFORME A HORA, O CÉU NOS PRESENTEIA COM A PRESENÇA DA LUA, ALGUM COMETA OU A SÚBITA APARIÇÃO DE UM METEORO. E COMO IDENTIFICAMOS QUE DETERMINADO PONTO LUMINOSO NO CÉU NÃO É UMA ESTRELA, E SIM UM PLANETA? SERÁ QUE UM PLANETA NÃO BRILHA OU NÃO CINTILA TANTO QUANTO AS ESTRELAS? SERÁ QUE SE DESLOCA NO CÉU DE UMA NOITE PARA A OUTRA?

Dos pontos brilhantes do céu noturno, quais são planetas e quais são estrelas?

## Planetas visíveis a olho nu

O homem percebeu há milênios que, de todos os astros que brilham no firmamento, apenas cinco, além do Sol e da Lua, vagam pelo céu entre os demais. Na verdade, todos os corpos celestes se deslocam. Mas, como estão muito distantes, seus movimentos não são percebidos a olho nu.

A esses astros que se deslocam entre os demais, os gregos deram o nome de *planetas*, palavra que, em grego, significa "astros errantes". Esses cinco "astros errantes", considerados deuses pelos gregos, são os cinco planetas visíveis a olho nu: Mercúrio, Vênus, Marte, Júpiter e Saturno.

Quando estamos num local sem poluição, sem iluminação artificial e observamos o céu durante uma noite estrelada, podemos ver cerca de 6 mil estrelas a olho nu. Em muitos casos, unindo as estrelas por linhas imaginárias, podemos formar muitas figuras, as *constelações*. Porém, as estrelas que formam as constelações não estão próximas. Apenas parecem próximas quando vistas da Terra. De onde estamos, vemos as estrelas no céu como se observássemos uma fotografia, na qual objetos situados a diferentes distâncias aparecem como que "pregados" no mesmo plano.

Tomemos como exemplo as estrelas do Cruzeiro do Sul e as estrelas Alfa e Beta da Constelação do Centauro, chamadas de Guardiãs da Cruz, todas muito fáceis de observar no céu do hemisfério Sul. Alfa é a estrela mais próxima da Terra, a cerca de 4,4 anos-luz (ou 41,62 trilhões de quilômetros) de distância. As demais estão localizadas a diversas distâncias, como é possível verificar pela tabela a seguir.

Vários povos antigos viam coisas diferentes no mesmo grupo de estrelas. A constelação do Cruzeiro do Sul, por exemplo, que para nós simboliza uma cruz, representava um pássaro para algumas tribos indígenas. Já o escorpião, visto pelos antigos gregos e romanos na constelação de mesmo nome, era identificado pelos aborígines da Nova Zelândia como um anzol.

### NOMES E DISTÂNCIAS DAS ESTRELAS DO CRUZEIRO DO SUL E DAS GUARDIÃS

| Designação | Nome | Distância (anos-luz) |
|---|---|---|
| α Centauri | Toliman ou Rigel Kentaurus | 4,4 |
| β Centauri | Agena ou Hadar | 530 |
| α Crucis | Acrux ou Estrela de Magalhães | 321 |
| β Crucis | Becrux ou Mimosa | 353 |
| γ Crucis | Gacrux ou Rubídea | 88 |
| δ Crucis | Decrux ou Pálida | 364 |
| ε Crucis | Juxta Crucem ou Intrometida | 228 |

## Constelações

A quantidade de constelações criadas pelos povos antigos era tão grande que a **UNIÃO ASTRONÔMICA INTERNACIONAL** resolveu oficializar e delimitar as 88 mais importantes. Os nomes foram listados em latim, que é a linguagem científica internacional.

**UNIÃO ASTRONÔMICA INTERNACIONAL**
(International Astronomical Union)
www.iau.org. Acesso em 07/04/14.

## ANO-LUZ

As distâncias interestelares são gigantescas. Para avaliá-las, temos que deixar de lado nosso conceito comum de espaço e começar a pensar em termos de ano-luz. Embora essa medida pareça, à primeira vista, uma unidade de tempo, é na realidade uma unidade de distância.

A luz tem a maior velocidade conhecida por nós até hoje: aproximadamente 300 mil quilômetros por segundo. Isso quer dizer que a luz emitida por uma fonte luminosa situada a 300 mil quilômetros de nós – quase a distância da Terra à Lua - percorre essa distância em 1 segundo.

Ora, se em 1 segundo a luz percorre 300 mil km, então, em 60 segundos (1 minuto) percorrerá 18.000.000 km; em 60 minutos (1 hora), 1.080.000.000 km; em 24 horas (1 dia), 25.920.000.000 km; em 30 dias (1 mês), 777.600.000.000 km.

Ao término de 1 ano, a luz terá percorrido cerca de 9,5 trilhões de quilômetros, que é o valor de 1 ano-luz (1 AL). Assim, por essa medida, a Lua, que dista cerca de 380 mil quilômetros da Terra, está a uma distância de 1 segundo-luz. O Sol, a 150 milhões de quilômetros da Terra, está a uma distância de 8 minutos-luz. Sua luz, portanto, demora aproximadamente 8 minutos para chegar até nós.

A estrela que fica mais perto de nós (Terra), depois do Sol, é "Próxima", pertencente à constelação do Centauro, do sistema triplo de Alpha Centauri. Ela fica a "apenas" 4,4 anos-luz (ou 41,62 trilhões de quilômetros) de distância. A ela foi dado o nome de "Próxima" por ser a que está mais perto da Terra.

Região do céu com a constelação do Cruzeiro do Sul, Alpha e Beta Centauri (o círculo, à direita e embaixo, mostra o polo celeste sul).

## CONSTELAÇÕES

| Nome em latim | Nome em português | Nome em latim | Nome em português |
|---|---|---|---|
| Andromeda | Andrômeda | Cygnus | Cisne |
| Antlia | Máquina Pneumática | Delphinus | Delfim |
| Apus | Ave do Paraíso | Dorado | Dorado |
| Aquarius | Aquário | Draco | Dragão |
| Aquila | Águia | Equuleus | Cavalo Menor |
| Ara | Altar | Eridanus | Erídano |
| Aries | Carneiro | Fornax | Fornalha |
| Auriga | Cocheiro | Gemini | Gêmeos |
| Bootes | Boieiro | Grus | Grou |
| Caelum | Buril | Hercules | Hércules |
| Camelopardalis | Girafa | Horologium | Relógio |
| Cancer | Caranguejo | Hydra | Hidra Fêmea |
| Canes Venatici | Cães de Caça | Hydrus | Hidra Macho |
| Canis Major | Cão Maior | Indus | Índio |
| Canis Minor | Cão Menor | Lacerta | Lagarto |
| Capricornus | Capricórnio | Leo | Leão |
| Carina | Carina | Leo Minor | Leão Menor |
| Cassiopea | Cassiopeia | Lepus | Lebre |
| Centaurus | Centauro | Libra | Libra (Balança) |
| Cepheus | Cefeu | Lupus | Lobo |
| Cetus | Baleia | Lynx | Lince |
| Chamaeleon | Camaleão | Lyra | Lira |
| Circinus | Compasso | Mensa | Mesa |
| Columba | Pomba | Microscopium | Microscópio |
| Coma Berenices | Cabeleira de Berenice | Monoceros | Unicórnio |
| Corona Australis | Coroa Austral | Musca | Mosca |
| Corona Borealis | Coroa Boreal | Norma | Régua |
| Corvus | Corvo | Octans | Oitante |
| Crater | Taça | Ophiuchus | Ofiúco (Serpentário) |
| Crux | Cruz (Cruzeiro do Sul) | Orion | Órion |

## Estrelas com nome e sobrenome

Com a oficialização dos nomes das estrelas, os estudiosos se dispuseram a organizar melhor a nomenclatura estelar. Adotou-se uma forma padrão de nomenclatura, que consiste em colocar uma letra do alfabeto grego como prefixo, para cada estrela de um determinado grupo, seguida do nome da constelação. A estrela mais brilhante recebe o prefixo alfa; a segunda, beta; e assim por diante. No caso da constelação do Centauro, por exemplo, a estrela mais brilhante é chamada de Alpha Centauri, Alfa do Centauro, ou até a Cen, seguida da Beta Centauri ou Beta do Centauro.

### CONSTELAÇÕES

| Nome em latim | Nome em português |
|---|---|
| Pavo | Pavão |
| Pegasus | Pégaso |
| Perseus | Perseo |
| Phoenix | Fênix |
| Pictor | Pintor |
| Pisces | Peixes |
| Piscis Austrinus | Peixe Austral |
| Puppis | Popa |
| Pyxis | Bússola |
| Reticulum | Retículo |
| Sagita | Flecha |
| Sagittarius | Sagitário |
| Scorpius | Escorpião |
| Sculptor | Escultor |
| Scutum | Escudo |
| Serpens | Serpente |
| Sextans | Sextante |
| Taurus | Touro |
| Telescopium | Telescópio |
| Triangulum | Triângulo |
| Triangulum Australe | Triângulo Austral |
| Tucana | Tucano |
| Ursa Major | Ursa Maior |
| Ursa Minor | Ursa Menor |
| Vela | Vela |
| Virgo | Virgem |
| Volans | Peixe Voador |
| Vulpecula | Raposa |

### ALFABETO GREGO

| | |
|---|---|
| Α α *Alpha* | Ν ν *Nu* |
| Β β *Beta* | Ξ χ *Xi* |
| Γ γ *Gamma* | Ο ο *Omicron* |
| Δ δ *Delta* | Π π *Pi* |
| Ε ε *Epsilon* | Ρ ρ *Rho* |
| Ζ ζ *Zeta* | Σ σ *Sigma* |
| Η η *Eta* | Τ τ *Tau* |
| Θ ϑ *Theta* | Θ θ *Upsilon* |
| Ι ι *Iota* | Φ *Phi* |
| Κ κ *Kappa* | Ψ ψ *Chi* |
| Λ λ *Lambda* | Υ υ *Psi* |
| Μ μ *Mu* | ϐ φ *Omega* |

Mesmo com a oficialização da sistemática, alguns casos particulares de nomes próprios continuam existindo, seja por razões históricas e/ou lendárias, seja para lembrar algumas notoriedades. As estrelas mais brilhantes, por exemplo, têm seus próprios nomes. Sirius, que é a estrela mais brilhante aos olhos de quem vive na Terra, pertence à constelação do Cão Maior. Oficialmente, é denominada Alpha Canis Majoris. Aldebaran pertence à constelação do Touro e por isso é chamada Alpha Tauri. Antares, da constelação do Escorpião, é Alpha Scorpii. A seguir, estão listadas as vinte estrelas mais brilhantes do céu.

## AS VINTE ESTRELAS MAIS BRILHANTES

| Nome | Estrela | Magnitude aparente | Magnitude absoluta | Distância (anos-luz) |
|---|---|---|---|---|
| 1. Sirius | Alpha Canis Majoris | -1,46 | 1,43 | 8,6 |
| 2. Canopus | Alpha Carinae | -0,72 | -5,63 | 313 |
| 3. Toliman | Alpha Centauri | -0,27 | 4,07 | 4,4 |
| 4. Arcturus | Alpha Bootis | -0,06 | -0,33 | 37 |
| 5. Vega | Alpha Lyrae | 0,04 | 0,62 | 25 |
| 6. Capella | Alpha Aurigae | 0,08 | -0,47 | 42 |
| 7. Rigel | Beta Orionis | 0,14 | -6,73 | 772 |
| 8. Procyon | Alpha Canis Minoris | 0,37 | 2,66 | 11,4 |
| 9. Achernar | Alpha Eridani | 0,51 | -2,71 | 144 |
| 10. Betelgeuse | Alpha Orionis | 0,41 | -5,17 | 427 |
| 11. Hadar | Beta Centauri | 0,63 | -5,40 | 525 |
| 12. Altair | Alpha Aquilae | 0,77 | 2,19 | 17 |
| 13. Acrux | Alpha Crucis | 0,79 | -4,17 | 321 |
| 14. Aldebaran | Alpha Tauri | 0,86 | -0,63 | 65 |
| 15. Antares | Alpha Scorpii | 0,92 | -5,42 | 604 |
| 16. Spica | Alpha Virginis | 0,91 | -3,60 | 260 |
| 17. Pollux | Beta Geminorum | 1,16 | 1,07 | 34 |
| 18. Fomalhaut | Alpha Piscis Austrini | 1,19 | 1,77 | 25 |
| 19. Deneb | Alpha Cygni | 1,26 | -8,16 | 2500 |
| 20. Mimosa | Beta Crucis | 1,28 | -3,88 | 352 |

# A ESFERA CELESTE

**2**

Cristais de gelo refletem luz, formando uma espécie de abóbada iluminada durante o verão do Polo Norte.

**AO OBSERVAR O CÉU, A IMPRESSÃO É DE QUE ESTAMOS ENVOLVIDOS POR UMA IMENSA CÚPULA. ESSE CONCEITO ERA JUSTAMENTE O IMAGINADO POR VÁRIOS POVOS DO PASSADO, QUE TINHAM A TERRA COMO IMÓVEL NO CENTRO DO UNIVERSO E TODOS OS ASTROS GIRANDO AO SEU REDOR. INICIALMENTE, IMAGINARAM A TERRA PLANA. DEPOIS, ESSA IDEIA FOI EVOLUINDO.**

Para localizar um astro por coordenadas no céu, podemos utilizar esse antigo conceito, imaginando que estamos sobre um grande disco, e o céu é uma grande cúpula, uma semiesfera sobre nossas cabeças. Nessa imagem, todos os astros que observamos estão como que "pregados" nessa imensa semiesfera sobre nós. Dessa forma, temos a impressão de que todos os corpos celestes estão à mesma distância da Terra.

Para fins de orientação, podemos nos colocar de braços abertos, em forma de cruz e com a mão direita voltada para o lado onde o Sol nasce. Este é o horizonte Leste, Oriente ou Nascente. À nossa frente estará o Norte e, atrás, o Sul. A mão esquerda estará voltada para o lado onde o Sol se põe, o horizonte Oeste, Ocidente ou Poente. Nesses lados do horizonte é que se encontram os pontos ou direções cardeais Leste, Oeste, Norte e Sul.

A esfera celeste pode ser imaginada como se os astros estivessem à mesma distância da Terra.

No caso da localização dos pontos cardeais à noite, podemos observar a posição do nascer e do ocaso (aparente declínio de um astro no horizonte) das estrelas. Para observadores do hemisfério Sul da Terra, se o Cruzeiro for visível no horário da observação, podemos tomar o braço maior da cruz e, através de uma linha imaginária, prolongar 4,5 vezes o tamanho desse braço na direção indicada na figura da página 15 (legendada como *Movimento da constelação do Cruzeiro do Sul ao redor do polo celeste Sul – sentido horário*) e iremos encontrar o polo celeste Sul. Traçando-se uma vertical a partir do polo celeste Sul em direção ao horizonte, encontraremos o ponto cardeal Sul.

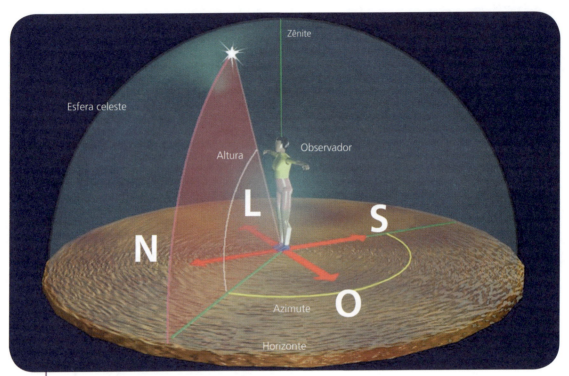

Os pontos cardeais e as coordenadas horizontais: azimute (A) e altura (h).

### SISTEMA HORIZONTAL DE COORDENADAS

Para localizar um astro no céu, adotam-se ângulos chamados de coordenadas horizontais. No caso da esfera celeste, são duas as coordenadas:
a) altura (h): ângulo entre o astro e o horizonte, medido sobre o círculo vertical que passa por esse astro. Vai de 0° sobre o horizonte até 90° no **ZÊNITE**, que é o ponto mais alto da esfera celeste. Se o astro estiver abaixo do horizonte, a altura pode ir de 0° até -90° no **NADIR**, que é o ponto oposto ao zênite.
b) azimute (A): ângulo entre um dos pontos cardeais e o círculo vertical que passa pelo astro, medido sobre o horizonte. Vai de 0° no ponto cardeal de origem e aumenta nos sentidos sul, oeste, norte e leste até 360°.

**ZÊNITE**
Ponto da esfera celeste diretamente oposto ao *nadir*, que se situa na vertical do observador, sobre a sua cabeça.

**NADIR**
Ponto da esfera celeste oposto ao *zênite*, que se situa na vertical do observador, diretamente sob seus pés; direção vertical orientada para o centro da Terra.

Para os observadores do hemisfério Norte, é possível localizar o polo celeste Norte e o ponto cardeal Norte pela estrela Polaris (Alfa da Ursa Menor), cuja posição praticamente coincide com a do polo celeste Norte. Como mostrado na figura da página 15 (legendada como *Movimento da constelação do Cruzeiro do Sul ao redor do polo celeste Sul – sentido horário*), traçando-se uma vertical a partir do polo celeste Norte em direção ao horizonte, encontraremos o **PONTO CARDEAL** Norte. O ponto exatamente sobre nossas cabeças é o chamado *zênite*, que vem a ser o ponto onde a vertical do lugar cruza a esfera celeste para um dado observador.

## Movimento diurno da esfera celeste

Todos os astros se movem juntos no sentido de leste para oeste; muitos nascem a leste e se põem a oeste. Mas nem sempre é isso o que ocorre para um observador em qualquer posição da Terra, pois depende também da posição dos astros no céu. O observador percebe que muitos astros nascem no lado leste, vão ganhando altura, descrevendo uma certa trajetória, atingem o ponto mais alto da esfera celeste, cruzam o meridiano celeste local e depois vão perdendo altura, para, horas mais tarde, se porem no lado oeste. Isso pode ser registrado por uma câmera fotográfica apontada para o nascente (ver figura abaixo, à direita), e deixada em exposição por minutos ou horas.

Esse deslocamento aparente dos astros, de leste para oeste, ocorre devido ao movimento de rotação da Terra, no sentido contrário, ou seja, de oeste para leste. Levando-se em conta o conceito de esfera celeste, os astros parecem descrever movimentos circulares ao redor de um ponto do céu chamado polo celeste (ver figura abaixo, à esquerda).

Fotografia de longa exposição de estrelas ao redor do Polo celeste Sul.

Fotografia de longa exposição de estrelas próximas ao horizonte.

**PONTOS CARDEAIS**
Centro de Divulgação Científica e Cultural da USP (CDCC)
www.cdcc.sc.usp br/cda/ensino-fundamental-astronomia/parte1a.html. Acesso em 07/04/14.

A esfera celeste aparenta girar em torno de um eixo imaginário que é o eixo do mundo, um prolongamento do eixo de rotação de nosso planeta, nos sentidos norte e sul, que parece "furar" a esfera celeste nesses dois pontos.

Para entender melhor esse fenômeno, vamos utilizar três posições possíveis (atente para a ilustração:

Os polos celestes e o eixo do mundo.

**a) Observador entre o polo e o equador:** para um observador, por exemplo, próximo ao trópico de Capricórnio, no hemisfério Sul, os astros são observados descrevendo movimentos circulares oblíquos ou inclinados com relação ao horizonte. Nessa posição, para o observador, alguns astros estariam sempre acima do horizonte, nas proximidades do Polo celeste Sul, e outros estariam sempre abaixo do horizonte, nas proximidades do Polo celeste Norte (ver figura ao lado, abaixo, cuja legenda é *Movimento dos astros na esfera celeste, na perspectiva de um observador entre o equador e o Polo Sul*).

Para esse observador no hemisfério Sul, o movimento dos astros ao redor do polo pode ser percebido localizando-se a constelação do Cruzeiro do Sul. Na próxima ilustração (a da página 15, cuja legenda é *Movimento da constelação do Cruzeiro do Sul ao redor do Polo celeste Sul*, mostrando a constelação do Cruzeiro do Sul), o Cruzeiro pode estar na posição 1. Com o passar do tempo, devido ao seu movimento e o de todos os astros ao redor do polo, o Cruzeiro mudará a posição de 1 para 2, movendo-se no sentido horário. Mais tarde, poderemos até notar a mudança de posição dessa constelação de 2 para 3.

Uma curiosidade deve ser mencionada: um observador no hemisfério Sul, quanto ao polo celeste, vai verificar que os astros, com o passar das horas, descrevem movimentos horários. Já um observador no hemisfério Norte vai verificar que os astros descrevem movimentos anti-horários (ver figuras abaixo e da página 15), cujas legendas são: *Movimento da constelação do Cruzeiro do Sul ao redor do Polo celeste Sul (sentido horário)* e *Movimento da constelação da Ursa Menor ao redor do Polo celeste Norte – sentido anti-horário).*

Movimento dos astros na esfera celeste, na perspectiva de um observador entre o equador e o Polo Sul.

Movimento da constelação da Ursa Menor ao redor do Polo celeste Norte (sentido anti-horário).

Movimento da constelação do Cruzeiro do Sul ao redor do Polo celeste Sul (sentido horário).

**b) Observador no Equador terrestre:** os astros nascem no horizonte Leste, descrevem círculos perpendiculares ao horizonte e se põem no horizonte Oeste. Os Polos Sul e Norte celestes coincidem com os pontos cardeais Sul e Norte e estão também coincidindo com o horizonte do local.

**c) Observador no Polo terrestre:** os astros não nascem nem se põem, apenas descrevem movimentos circulares ao redor do polo celeste, que, por sua vez, coincide com o zênite nesse local.

Movimento dos astros na esfera celeste para um observador no Polo Norte da Terra.

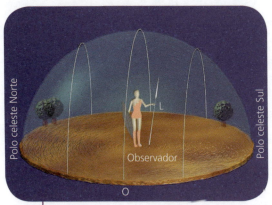

Movimento dos astros na esfera celeste para um observador no equador.

Movimento dos astros na esfera celeste para um observador no Polo Sul da Terra.

Esfera celeste com as coordenadas equatoriais: ascensão reta (α) e declinação (δ) como projeção das coordenadas terrestres de longitude (λ) e latitude (φ).

## SISTEMA EQUATORIAL DE COORDENADAS

Além do sistema horizontal de coordenadas, já visto, existe o sistema equatorial. No sistema horizontal, a referência é o plano do horizonte e é mais usado para uma determinação mais simples de posição de um determinado objeto celeste num dado momento. Já no sistema equatorial, a referência é o equador celeste e é usado para determinar a posição de um astro em qualquer ponto da esfera celeste.

Exemplos dessas coordenadas são: ascensão reta e declinação.

O equador celeste é um círculo máximo da esfera celeste que tem como eixo o próprio eixo de rotação da Terra. Também é uma projeção do equador terrestre na esfera celeste e localiza-se a 90° dos polos celestes.

Os círculos paralelos ao equador celeste são os chamados paralelos de declinação (da mesma forma que os paralelos terrestres).

Os círculos máximos da esfera celeste, perpendiculares ao equador celeste e que, portanto, passam pelos polos celestes, são os círculos horários ou meridianos celestes (da mesma forma que os meridianos terrestres).

Dessa forma, utiliza-se o sistema equatorial de coordenadas celestes:

**a) Declinação:** representada por $\delta$, é o ângulo entre o astro e o equador celeste. Pode variar de 0° no equador celeste até +90° no Polo celeste Norte ou −90° no Polo celeste Sul.

**b) Ascensão reta:** representada por $\alpha$, é o ângulo entre o círculo horário que passa pelo astro e um ponto de origem chamado ponto Áries, representado por $\upsilon$, medido sobre o equador celeste. Vai de 0° a 360° ou de 0 h até 24 h.

# AS CONSTELAÇÕES DO ZODÍACO 3

Imagem óptica do sistema estelar Sirius.

**DEVIDO AO MOVIMENTO DE TRANSLAÇÃO DA TERRA EM TORNO DO SOL, OBSERVAMOS O MOVIMENTO DO ASTRO-REI ENTRE AS CONSTELAÇÕES AO LONGO DE UMA LINHA IMAGINÁRIA CHAMADA *ECLÍPTICA*, LINHA QUE RECEBEU ESSE NOME POR SER O LUGAR ONDE OCORREM OS ECLIPSES.**

Como os planetas giram ao redor do Sol aproximadamente no mesmo plano, são vistos da Terra sempre numa faixa do céu que denominamos *zodíaco*. As constelações que se encontram, total ou parcialmente, nessa faixa do céu são as chamadas constelações do zodíaco.

Existem 25 **CONSTELAÇÕES ZODIACAIS** principais, que os astrólogos reduziram a apenas doze: Aquário, Peixes, Áries, Touro, Gêmeos, Câncer, Leão, Virgem, Libra, Escorpião, Sagitário e Capricórnio.

Por exemplo, num dado momento, o Sol estaria "sobre" uma certa constelação zodiacal, conforme mostra a figura da página 18, posição 1. Com a mudança da posição da Terra, o Sol também se desloca, ficando então "sobre" outra constelação, como na posição 2. Ao final de uma translação da Terra, ou uma volta completa ao

---

**ECLÍPTICA**
É a linha imaginária descrita pelo Sol, ao longo de um ano, sobre a esfera celeste. É a inclinação dessa linha imaginária em relação ao equador que provoca as estações do ano.
Fonte: www.cempem.fae.unicamp.br/lapemmec/cursos/el654/2001/juliana_e_vera/EL654/estacoes.htm. Acesso em 07/04/14.

**ASSOCIAÇÃO BRASILEIRA DE CENTROS E MUSEUS DE CIÊNCIAS (ABCMC)**
www.abcmc.org.br/publique3/cgi/cgilua.exe/sys/start.htm?infoid=16&sid=7. Acesso em 07/04/14.

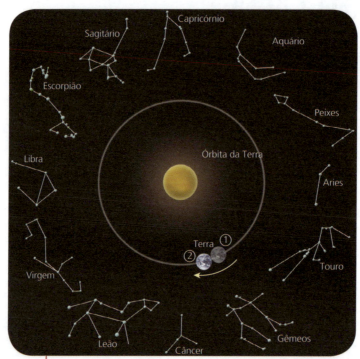

Conforme a Terra gira ao redor do Sol, este fica na frente de uma certa constelação.

redor do Sol, este terá passado pelas doze constelações principais do zodíaco.

Como consequência disso, de acordo com a época do ano em que se fizer uma observação do céu, é possível identificar a predominância de certas constelações no céu noturno. Assim, podemos considerar que existem constelações "típicas" de cada estação.

As constelações de Escorpião, Centauro, Cruzeiro do Sul e outras são para nós, do hemisfério Sul, típicas das noites de inverno.

Da mesma forma, a constelação do Leão é, para nós, típica das noites de outono.

A constelação de Pégaso, o cavalo alado, é típica das noites de primavera, e a do gigante caçador Órion é típica das noites de verão para nós, habitantes do hemisfério Sul.

As constelações do Centauro e Cruzeiro do Sul, típicas das noites de inverno.

Região do céu que limita a constelação do Centauro e do Cruzeiro do Sul.

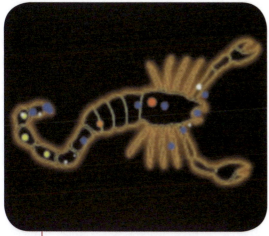

A constelação de Escorpião, típica das noites de inverno.

Região do céu que limita a constelação do Escorpião.

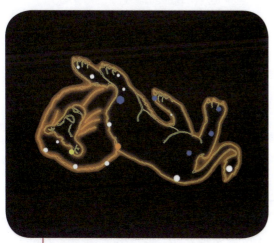

A constelação do Leão, típica das noites de outono.

Região do céu que limita a constelação do Leão.

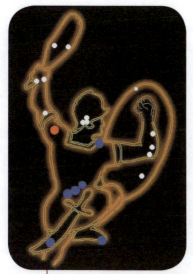

A constelação de Órion, típica das noites de verão.

Região do céu que limita a constelação de Órion.

## Histórias de estrelas

**Constelação do Órion:** destacam-se as Três Marias – Mintaka (Delta Orionis), Alnilam (Epsilon Orionis) e Alnitak (Zeta Orionis). Ao redor delas, nota-se a presença de quatro estrelas, quase formando um retângulo. A mais brilhante da constelação, *ALPHA ORIONIS* é também chamada de estrela Betelgeuse, e possui cor avermelhada.

A estrela Beta Orionis é Rigel, de cor branco-azulada. Os antigos gregos e romanos imaginavam que as Três Marias representavam o cinturão de um gigante caçador. Os ombros eram representados pelas estrelas Betelgeuse e Bellatrix (Gamma Orionis). Rigel, nome de origem árabe, seria "o pé do gigante", e Saiph (Kappa Orionis), também do árabe, "a espada do gigante". Nessa constelação estão a chamada nebulosa de Órion (M-42) e a nebulosa Cabeça do Cavalo.

Conta a lenda que *ÓRION* era tão grande que, mesmo quando ficava nos mais profundos oceanos, sua cabeça permanecia sobre a superfície das águas. Órion era um caçador que estava acabando com todos os animais da Terra e por isso Diana, a deusa da caça, mandou um escorpião para matá-lo. O escorpião feriu mortalmente o caçador, mas antes de morrer Órion também teria matado o escorpião. Assim, essas duas figuras foram parar no céu em forma de constelações.

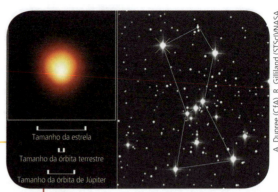

Alpha Orionis.

*MITO DE ÓRION*
www.portaldoastronomo.org/tema92.php.
Acesso em 13/05/14.

**Constelação do Touro:** utilizando-se o alinhamento das Três Marias em direção ao oeste, encontra-se o aglomerado das Híades. Trata-se de um grupo de estrelas em forma de "V", na constelação do Touro, que forma a cabeça do animal. Também encontramos outro aglomerado, as Plêiades, no lombo do touro. Filhas de Atlas e Pleione, as Plêiades também são chamadas Sete Irmãs. São elas: Maia, Eletra, Tageia, Astérope, Mérope, Alcione e Celeno. A olho nu é possível observar no máximo essas sete estrelas, mas com um telescópio pode-se notar que até cerca de 250 estrelas fazem parte desse aglomerado.

A estrela mais brilhante dessa constelação, Aldebaran (Alpha Tauri), é uma estrela de coloração avermelhada e representa um dos olhos do touro. Seu nome vem do árabe e significa "aquela que segue" (as Plêiades).

De acordo com a mitologia, Zeus transformou-se em um touro manso, de pele branca e aveludada, para conquistar Europa, filha do rei da Fenícia.

A estrela El Nath (Beta Tauri), de cor branca, representa o chifre do touro, e Ain (Epsilon Tauri), que em árabe significa "o olho", representa o outro olho do touro. Nessa constelação encontra-se também a chamada nebulosa do Caranguejo (M-1), devido à semelhança com esse animal.

Região do céu que limita a constelação do Touro.

Híades.

**Constelação do Escorpião:** é uma das que mais se assemelham ao que representa. Aí se destaca a estrela Antares (Alpha Scorpii), cujo nome vem do grego e significa "rival de Ares", o planeta Marte. As estrelas Acrab (Beta Scorpii) e Dschubba (Delta Scorpii) representam a parte frontal do escorpião. Antares e Al Niyat (Sigma Scorpii) representam o corpo do animal e têm seus nomes relacionados ao "coração" do escorpião. Wei (Epsilon Scorpii) representa a cauda. Girtab (Kappa Scorpii), Shaula (Lambda Scorpii) e Lesath (Upsilon Scorpii) seriam o ferrão do animal. Nessa constelação encontram-se os aglomerados abertos de estrelas M-6 e M-7, visíveis a olho nu, além do aglomerado globular M-4.

Segundo a mitologia clássica, o escorpião foi enviado por Diana para matar o gigante Órion, mas no céu essas constelações nunca se encontram, pois estão em regiões opostas. Enquanto Escorpião está nascendo no horizonte Leste, Órion se põe no Oeste e vice-versa.

O Escorpião é o símbolo mitológico da escuridão e da morte, para vários povos do passado, talvez porque seja encontrado debaixo de pedras e possua picada venenosa. Os egípcios associavam a passagem do Sol por essa constelação às secas e às pragas. Segundo os antigos alquimistas, a transmutação de metais em ouro só ocorria quando o Sol estava na direção dessa constelação. Para os índios da Nova Zelândia, essa constelação representava um anzol utilizado pelo chefe dos deuses, Maui, para retirar suas terras do fundo do mar (o oceano Pacífico).

**Constelação do Centauro:** esta constelação é importante e bem visível nas noites de inverno. Ela envolve o Cruzeiro do Sul em quase todas as direções, com exceção do Sul, para onde está apontando.

As estrelas mais brilhantes dessa constelação são Rigel Kentaurus ou Toliman (Alpha Centauri), que seria uma das patas dianteiras (um dos pés) do centauro, e Hadar ou Agena (Beta Centauri), uma estrela de cor branco-azulada, seria um dos joelhos do centauro. Essas estrelas "apontam" a direção do Cruzeiro do Sul e por isso também são chamadas de "guardas", ou "guardiãs" da cruz.

Rigel Kentaurus, de coloração amarelada, na verdade é um sistema triplo de estrelas, sendo duas delas facilmente observáveis com pequenos telescópios.

A outra estrela, de menor brilho, só pode ser notada pela observação com grandes telescópios. É justamente essa a mais próxima das três e também a mais próxima de nós entre todas as estrelas do firmamento. Mesmo assim, sua luz demora cerca de quatro anos e quatro meses para chegar até aqui, o que representa aproximadamente 4,3 anos-luz. Quer dizer, sua luz percorre aproximadamente 40 trilhões de quilômetros.

Entre outras estrelas dessa constelação, vale mencionar Koo Kow (Gamma Centauri) e Maw Wei (Delta Centauri), do chinês "a cauda do cavalo".

**O aglomerado de estrelas Omega Centauri** é outro objeto de grande importância, que pode ser encontrado nessa região do céu. O Omega Centauri é visível a olho nu, como uma pequena mancha no céu, mas um telescópio revela a existência de cerca de 100 mil estrelas nesse aglomerado.

Conforme a lenda, os centauros eram seres metade homem metade cavalo e tidos como grandes guerreiros. Viviam nas florestas e criaram o estudo da botânica. Também observavam e conheciam muito bem o céu. Segundo alguns autores, a constelação do Centauro representa

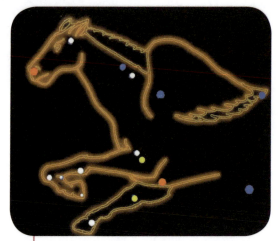

A constelação do Pégaso, típica das noites de primavera.

Região do céu que limita a constelação do Pégaso.

Nessus. Conta a lenda que um dia **NESSUS** se ofereceu para transportar a esposa de Hércules, Dejanira, através de um rio. O herói concordou; mas, quando estava na outra margem do rio, Nessus entrou pela floresta levando Dejanira. Hércules atirou uma flecha que o matou. Antes de morrer, Nessus entregou sua túnica manchada de sangue a Dejanira para que, no dia em que Hércules lhe fosse infiel, ela desse a túnica ao marido e Hércules voltasse mais apaixonado ainda.

> **MITO DE NESSUS**
> www.grupoescolar.com/materia/hercules.html.
> Acesso em 07/04/14.

Quando isso ocorreu, Dejanira deu a túnica do centauro para Hércules. No entanto, o sangue era venenoso e, penetrando na pele de Hércules, matou-o.

**Constelação do Pégaso:** aqui encontramos quatro estrelas que formam um quadrado quase perfeito. Markab (Alpha Pegasi), uma estrela de cor branca, representa "a sela" do cavalo; Scheat (Beta Pegasi), de coloração avermelhada, representa uma das pernas do cavalo; Algenib (Gamma Pegasi), de cor branco-azulada, representa uma das asas do Pégaso.

A quarta estrela, Alpheratz (Alpha Andromedae), na verdade pertence à constelação de Andrômeda. Entre outras estrelas da constelação de Pégaso, vale mencionar Enif (Epsilon Pegasi), do árabe "focinho do cavalo".

Segundo a mitologia, a princesa Andrômeda, filha do rei Cefeu e da rainha Cassiopeia, estava acorrentada a um rochedo próximo da praia e seria devorada pelo monstro marinho Cetus, a Baleia.

Então, o herói **PERSEU** salvou-a, decepando a cabeça da Medusa, que tinha serpentes como cabelos e petrificava tudo com seu olhar. Do sangue da Medusa em contato com as águas do mar nasceu Pégaso, o cavalo alado. Montando Pégaso, o herói Perseu salvou a princesa Andrômeda, petrificando Cetus com a cabeça da Medusa.

Essas figuras estão todas representadas no céu em forma de constelações. São elas: Andrômeda, Cassiopeia, Cefeu, Baleia, Pégaso, Perseu.

> **MITO DE PERSEU**
> www.educacaopublica.rj.gov.br/biblioteca/
> historia/0013.html. Acesso em 07/04/14.

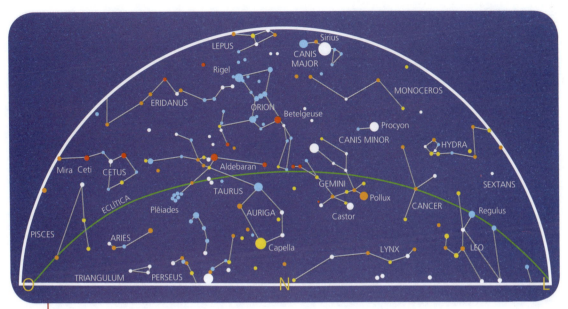

Face norte do céu de verão.

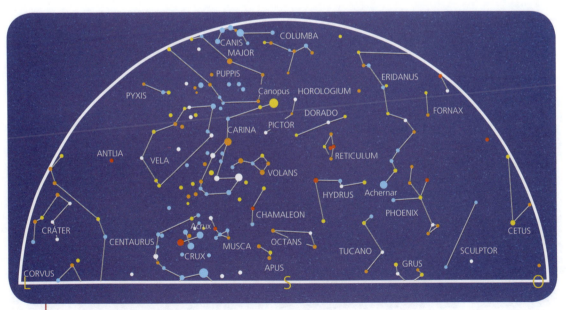

Face sul do céu de verão.

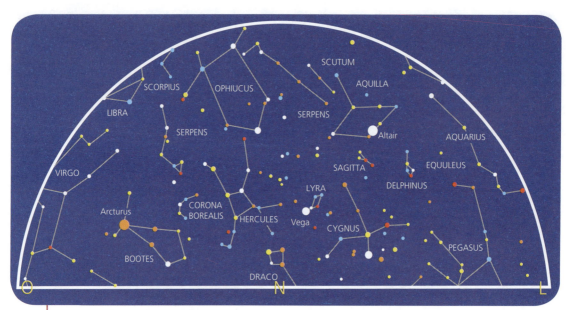

Face norte do céu de inverno.

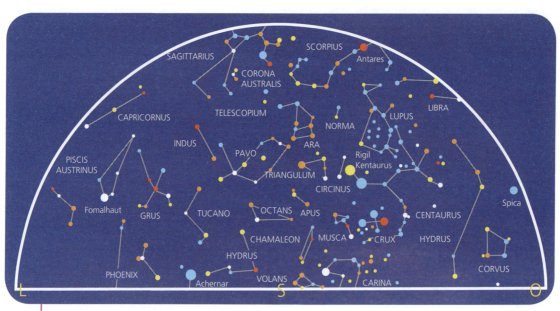

Face sul do céu de inverno.

**Constelação do Leão:** os babilônios, como outros povos da Antiguidade, associavam a figura do leão ao Sol. Conta a mitologia que o leão havia caído da Lua e fora para o vale de Nemeia, na Grécia, onde estava devorando seus habitantes e também os viajantes. Ninguém conseguia matá-lo a flechas e lanças, pois o leão tinha uma pele impenetrável. Então o herói *HÉRCULES*, no primeiro dos seus 12 trabalhos, o estrangulou e matou. Depois o herói vestiu-se com a pele do leão, protegendo seu próprio corpo.

Nessa constelação está Régulus (Alpha Leonis), "o pequeno rei", estrela branco-azulada; Denébola (Beta Leonis), que representa a cauda do leão; Algieba (Gamma Leonis), representando a juba; e Zosma (Delta Leonis), que representa o dorso do leão.

> *OS 12 TRABALHOS DE HÉRCULES*
> www.sca.org.br/uploads/news/id71/18Hercules.pdf. Acesso em 07/04/14.

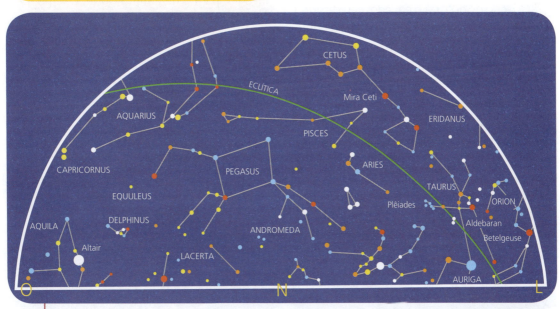

Face norte do céu de primavera.

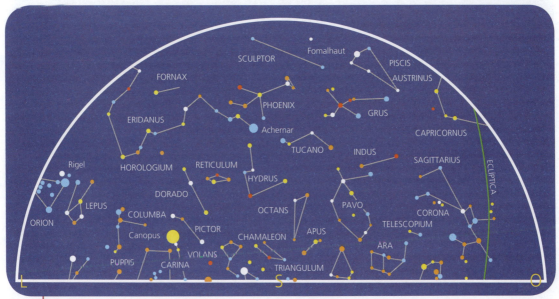

Face sul do céu de primavera.

## A eclíptica, solstícios e equinócios

Devido ao movimento de translação da Terra, o Sol descreve durante o ano um movimento aparente ao longo da eclíptica, de oeste para leste, passando pelas constelações. Como a eclíptica não coincide com o equador celeste, cruza este em dois pontos, chamados pontos equinociais. A eclíptica está inclinada em 23,5° com relação ao equador celeste. É possível perceber que essa é a inclinação do eixo de rotação de nosso planeta em relação ao plano de sua órbita ao redor do Sol.

Quando o Sol cruza o equador celeste, indo do hemisfério Sul para o Norte, passa pelo ponto vernal. Isso ocorre quando se inicia a estação do outono para nós, do hemisfério Sul, e a primavera, para o hemisfério Norte, por volta do dia 21 de março.

O outro ponto, diametralmente oposto ao ponto vernal, em que o Sol cruza o equador celeste indo do hemisfério Norte para o Sul, é o ponto Libra. Isso ocorre quando se inicia a estação da primavera para nós, do hemisfério Sul, e o outono, para o hemisfério Norte, por volta do dia 22 de setembro.

Os pontos da eclíptica que estão mais distantes do equador, ou a 90° dos pontos equinociais, são os chamados pontos solsticiais. O que está no hemisfério Norte é chamado ponto de solstício Norte. Quando o Sol passa por esse ponto, tem início a estação do verão para o hemisfério Norte e inverno para o hemisfério Sul. É aí que o Sol encontra sua maior declinação Norte, aproximadamente no dia 21 de junho.

O ponto solsticial que está no hemisfério Sul é o chamado ponto de solstício Sul. A passagem do Sol por esse ponto dá início à estação do inverno, para o hemisfério Norte, e verão, para o hemisfério Sul. Aí o Sol encontra sua maior declinação Sul, aproximadamente no dia 22 de dezembro.

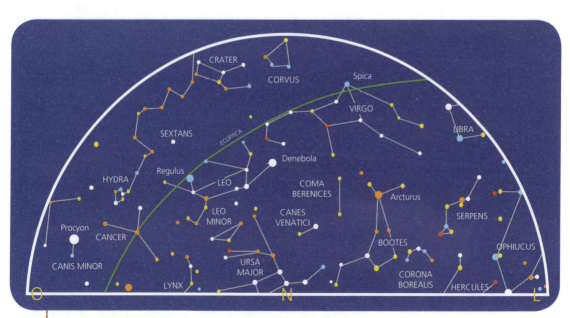

Face norte do céu de outono.

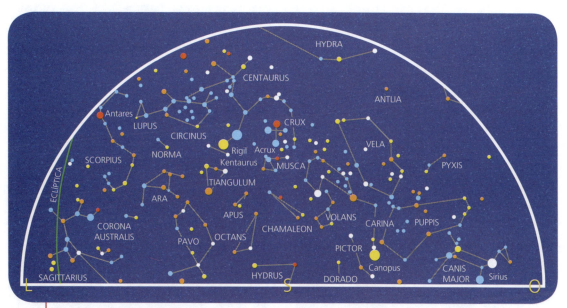

Face sul do céu de outono.

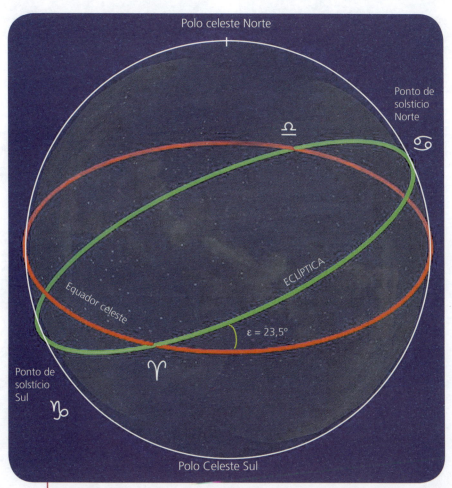

Esfera celeste com o equador e a eclíptica mostrando os pontos equinociais e solsticiais.

## Os sistemas estelares

As estrelas podem se agrupar de várias formas: em sistemas duplos, como é o caso, por exemplo, da estrela Alfa, do Cruzeiro do Sul; triplos, como Alpha Centauri; ou até múltiplos, compostos de várias estrelas girando ao redor de um centro de gravidade comum. Existem também agrupamentos ou aglomerados de dezenas ou até de centenas de estrelas que têm movimento conjunto. As figuras seguintes mostram um aglomerado aberto (as Plêiades, da constelação do Touro, visíveis a olho nu) e um aglomerado globular (Omega Centauri, da constelação do Centauro).

O aglomerado globular Omega Centauri.

O aglomerado aberto das Plêiades (M-45).

Estrela dupla: seus componentes giram ao redor de um centro de gravidade comum.

# EVOLUÇÃO ESTELAR

## 4

A Nebulosa Planetária Ovo está situada a aproximadamente 3.000 anos-luz da Terra e constitui-se de uma enorme nuvem de poeira e gás que está se expandindo a velocidades muito altas.

**UMA ESTRELA É UM CORPO LUMINOSO QUE EMITE ENERGIA. ESSA ENERGIA INCLUI AS RADIAÇÕES LUMINOSAS VISÍVEIS E NÃO VISÍVEIS PARA NÓS, COMO A INFRAVERMELHA, A ULTRAVIOLETA E AS ONDAS DE RÁDIO. EXISTEM ESTRELAS DE VÁRIOS TAMANHOS E GRAUS DE BRILHO. AS PEQUENAS PODEM SER MENORES QUE A TERRA. AS MAIORES PODEM TER MIL VEZES O VOLUME DO SOL, QUE É UMA ESTRELA DE TAMANHO MÉDIO. MESMO ASSIM, DEVIDO À SUA "PROXIMIDADE" DA TERRA, O SOL É A ÚNICA ESTRELA VISÍVEL DURANTE O DIA.**

As estrelas nascem das imensas nuvens de gás e poeira interestelares, chamadas nebulosas. Uma das nebulosas mais conhecidas é a de Órion, observada a olho nu, perto de nossas bem conhecidas Três Marias. No interior dessa nebulosa, há quatro estrelas "bebês", nascidas há alguns "poucos" milhares de anos.

### Brilho, cor e temperatura das estrelas

Quando olhamos para uma estrela, o brilho que dela percebemos está relacionado ao fluxo de luz que ela emite em nossa direção. Assim, uma estrela pode produzir uma grande quantidade de energia luminosa, mas se estiver muito longe de nós seu brilho nos parecerá pouco intenso. Já uma estrela que produz pouca energia, mas está muito próxima, parecerá muito brilhante. Por isso, o brilho das estrelas vistas no céu é medido por uma grandeza chamada magnitude aparente.

A magnitude aparente é uma escala invertida, isto é, nela as estrelas mais brilhantes possuem magnitude aparente menor, enquanto as menos brilhantes possuem magnitude aparente maior.

Os astrônomos gregos HIPARCO (190-126 a.C.) e PTOLOMEU (cerca de 83-161 d.C.) foram os primeiros a classificar as estrelas visíveis a olho nu em seis categorias, de acordo com o seu brilho. As estrelas de primeira magnitude, ou de primeira grandeza, eram as mais brilhantes do céu. As outras, de brilho inferior, foram denominadas de segunda, terceira, quarta, quinta e sexta magnitudes. Com o tempo, foram estabelecidas magnitudes intermediárias. Essa classificação é usada até hoje, mas de maneira mais precisa. Verificou-se que uma estrela de magnitude 6 (6ª grandeza) é 100 vezes menos brilhante que uma estrela de magnitude 1 (1ª grandeza). Assim, uma estrela de 2ª magnitude é 2,5 vezes menos brilhante que uma estrela de 1ª magnitude e, assim, sucessivamente.

Mas será que as estrelas de magnitude 1 são as mais brilhantes? Não. Com o tempo, os astrônomos perceberam que algumas estrelas eram ainda mais brilhantes que as de primeira magnitude. Para resolver o problema, eles estabeleceram a magnitude zero e estenderam a classificação aos números negativos (-1, -2 etc.). Por exemplo, a estrela mais brilhante que observamos no firmamento é Sirius, que tem magnitude aparente de -1,58. O planeta Vênus tem magnitude aparente de até aproximadamente -4,5. Já as estrelas que estão no limite da visão humana têm magnitude aparente de aproximadamente 6. O mesmo conceito foi aplicado para estrelas e objetos visíveis apenas com telescópios.

Os grandes telescópios permitem observar objetos com magnitudes mais elevadas, ou seja, objetos com brilho muito tênue, como é o caso de Plutão, que tem magnitude aparente de +15. Além disso, o Sol tem magnitude aparente -26,7 e a Lua -12,6.

Existe também a magnitude absoluta, que vem a ser a magnitude que uma estrela teria se estivesse a uma distância padrão de 10 parsecs (32,6 anos-luz). Dessa forma seria possível comparar o brilho das estrelas – se todas estivessem a uma mesma distância da Terra – e saber suas luminosidades ou seus brilhos absolutos. Tomemos alguns exemplos. O Sol tem magnitude absoluta +4,58. A estrela Vega, cuja magnitude aparente é +0,04, ou seja, quase zero, tem magnitude absoluta +0,62 sendo, portanto, mais luminosa que o Sol.

Tomando outro exemplo, o grupo de estrelas da tabela do 1º Capítulo (intitulada *Nomes e distâncias das estrelas do Cruzeiro do Sul e das Guardiãs*), podemos perceber que a estrela Alpha Centauri é a mais brilhante do grupo, quando observada no céu, seguida de Beta Centauri. Ocorre que Beta Centauri está muito mais afastada e, por isso, é menos brilhante quando vista no céu.

### HIPARCO

Considerado o maior astrônomo da era pré-cristã, Hiparco de Niceia construiu um observatório na ilha de Rodes (na Grécia antiga), onde fez observações durante cerca de trinta anos. Como resultado, ele estimou a distância entre a Terra e o Sol e compilou um catálogo com a posição no céu e a magnitude de 850 estrelas.

Fonte: Departamento de Astronomia da Universidade Federal do Rio Grande do Sul (UFRGS) – astro.if.ufrgs.br/antiga/antiga.htm. Acesso em 07/04/14.

### PTOLOMEU

Cláudio Ptolomeu, cuja história de vida é pouco conhecida, estudou astronomia, física, matemática e geografia. Trabalhou em Alexandria (no Egito) entre 120 e 160 d.C., fase de intensas pesquisas astronômicas. A obra principal de Ptolomeu é *A grande síntese* (ou *Almagesto*), na qual defende o sistema geocêntrico: a Terra como centro do universo, e em torno da qual giram todos os planetas. O sistema de Ptolomeu foi mantido e ensinado por quase 1.500 anos! Só no século 16 Copérnico o substituiu pelo sistema heliocêntrico, depois confirmado por Galileu. Foi através da obra de Ptolomeu que a civilização medieval fez seu primeiro contato com a ciência grega.

Fonte: Adaptado de educacao.uol.com.br/biografias/ptolomeu.jhtm. Acesso em 07/04/14.

### ESTRELAS QUENTES E FRIAS

Estrelas diferentes emitem luzes de cores diferentes, que estão relacionadas com sua temperatura superficial.
- *Estrelas frias*: são vermelhas e possuem temperatura superficial da ordem de 3.000 °C;
- *Estrelas com temperatura intermediária*:
   a) *Amarelas*: possuem temperatura superficial por volta de 6.000 °C;
   b) *Brancas*: as que atingem até 10.000 °C;
- *Estrelas quentes*: são azuis e possuem temperaturas da ordem de 30.000 °C.

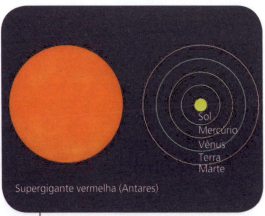

Supergigante vermelha.

## Anãs, gigantes e supergigantes

O tamanho das estrelas é determinado por comparação com o Sol, cujo volume conhecemos. Consideremos BETELGEUSE, uma supergigante vermelha e a segunda estrela mais brilhante da constelação de Órion. Ela tem um diâmetro entre trezentas e quatrocentas vezes maior que o do Sol, temperatura superficial de cerca de 3.500 °C e emite uma quantidade de luz quinze mil vezes superior à emitida pelo Sol.

Já a estrela de Barnard, uma anã vermelha, tem apenas um décimo do diâmetro do Sol, emite duas mil vezes menos luz do que o astro-rei e tem temperatura de aproximadamente 3.000 °C. Uma das maiores estrelas conhecidas é uma das componentes do sistema de estrelas duplas VV Cephei, da constelação de Cefeo, e possui um diâmetro aproximadamente 1.500 vezes maior que o do Sol.

## O diagrama H-R

Combinando a temperatura da estrela com seu brilho real, podemos construir um diagrama relacionando cor e luminosidade, conhecido como diagrama H-R, por ter sido inventado pela

INSTITUTO DE FÍSICA – UFRGS
www.if.ufrgs.br/oei/hipexpo/estrelas.pdf
Acesso em 07/04/14.

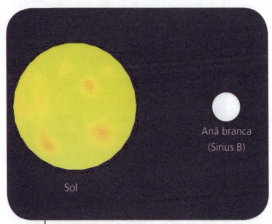

Comparação dos tamanhos entre o Sol, o Sistema Solar, uma estrela supergigante vermelha e uma anã branca.

dupla de astrofísicos Ejnar Hertzprung (dinamarquês) e Henry Russel (americano).

Pode-se notar pelo diagrama da página 32 que a maioria das estrelas localiza-se numa faixa que vai da esquerda, ao alto (quentes e brilhantes), até embaixo, à direita (frias e pouco luminosas). Essa faixa do diagrama é conhecida como sequência principal.

As estrelas gigantes e supergigantes ficam acima da sequência principal, enquanto as anãs brancas ficam abaixo dessa sequência. O Sol, com temperatura superficial da ordem de 5.500 °C, e situado na área central do diagrama, é classificado como anã amarela. Podemos utilizar o diagrama H-R também para representar a evolução de uma estrela, partindo de sua constituição inicial.

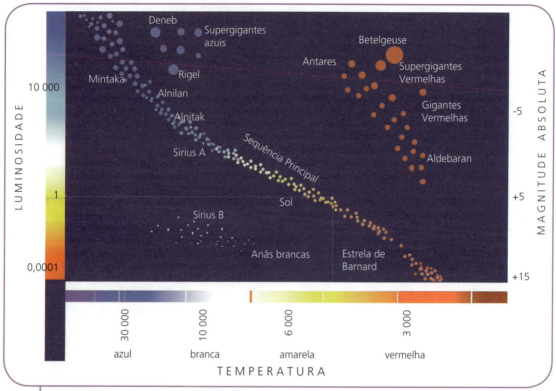

O diagrama H-R.

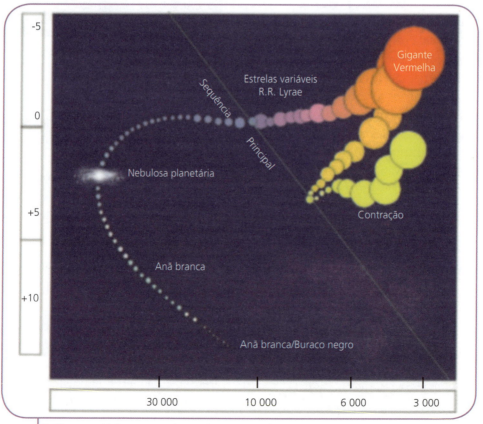

O diagrama H-R com a evolução de uma estrela.

## Nascimento e evolução das estrelas

Para uma nova estrela surgir, é necessário antes de tudo que haja disponível na **NEBULOSA** um mínimo de 0,04 de massa solar. Ao longo de milhões de anos, os átomos de hidrogênio e de hélio de algumas partes da nebulosa passam a contrair-se. Finalmente, a matéria vai se condensando e ocupando cada vez mais uma região menor do espaço.

Isso gera uma enorme pressão das camadas exteriores da nova estrela sobre seu centro, que se condensa e sua temperatura aumenta, atingindo milhões de graus (pelo menos 10 milhões de graus Celsius). Esse processo desencadeia reações termonucleares, nas quais os prótons de cada grupo de quatro átomos de hidrogênio se fundem, formando um núcleo de átomo de hélio e elevando ainda mais a temperatura, com grande emissão de energia.

A massa de hélio formada é 0,7% menor que a soma das massas dos quatro prótons iniciais. Essa diferença de massa (m) transforma-se em energia (E) através da famosa equação de Einstein: $E = mc^2$, em que "c" é a velocidade da luz no vácuo.

Uma vez formadas, as estrelas transformam-se em imensos globos de gás no interior dos quais os átomos de hidrogênio se convertem continuamente em átomos de hélio, produzindo luz e calor. A energia emitida pelas estrelas (para o exterior) está sempre em equilíbrio com sua força de gravidade (para o interior). Essa situação impede a contração da estrela e garante sua estabilidade por bilhões de anos.

A nebulosa de Órion (NGC 1976 ou M-42).

### NEBULOSA
As nebulosas são nuvens de gás e poeira, que se acham espalhadas pelo espaço interestelar.
Fonte: http://www.feiradeciencias.com.br/sala24/24_E05.asp. Acesso em 07/04/14.

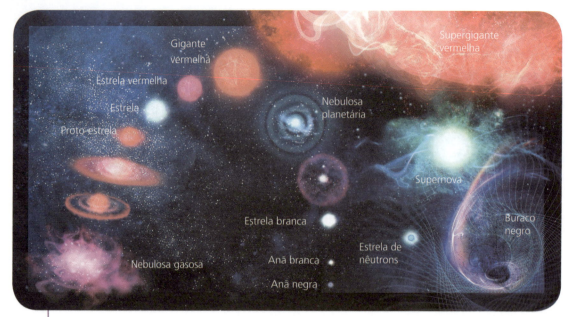

Evolução estelar: o destino de uma estrela depende de sua massa.

A evolução de uma estrela, assim como o seu destino, depende de sua massa inicial. Seu tempo de vida é consequência do equilíbrio entre a gravitação e a radiação gerada em seu interior. Desse modo, quanto maior a massa da estrela, maior será a temperatura no seu centro e maiores as possibilidades de ela continuar dilatada, vencendo a tendência de contração devido à gravidade. Uma temperatura central alta demais, porém, apressará a velocidade de fusão do hidrogênio e levará a estrela ao fim mais rapidamente.

Uma estrela pode permanecer estável por bilhões de anos. No entanto, depois de uma significativa transformação de hidrogênio em hélio em seu interior, a estrela aumenta muito de volume, enquanto sua temperatura superficial diminui. Dependendo do caso, isso a transforma em *gigante* ou em *supergigante vermelha*.

Nessa fase de evolução, um novo tipo de reação termonuclear passa a ocorrer no interior da estrela, transformando o hélio em outros elementos mais pesados. Estes, por sua vez, sofrem novas modificações até que se transformam em carbono ou em elementos mais complexos.

Se os astrônomos estiverem certos, é isso o que vai ocorrer com o Sol daqui a 5 bilhões de anos aproximadamente. Seu aumento de volume será tamanho, que ele talvez englobe Mercúrio. No máximo de sua expansão, suas camadas externas se espalharão no espaço, formando uma nebulosa em forma de anel, semelhante à existente na constelação da Lira (veja imagem).

No centro dessa nebulosa, numa etapa seguinte, restará o Sol, transformado em anã

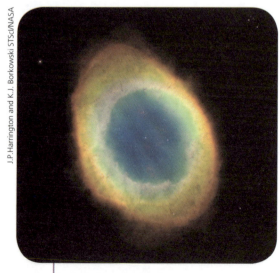

A Nebulosa Anular da Lira (NGC 6720 ou M-57).

branca, um tipo de estrela que perde a luminosidade gradualmente.

A evolução das estrelas com massa várias vezes maior que a do Sol é diferente da que acabamos de descrever. Nessa situação, a autogravitação faz a pressão subir muito, acarretando uma elevação de temperatura de bilhões de graus no núcleo da estrela. Isso provoca novas reações termonucleares, que por sua vez dão origem a elementos de número atômico progressivamente maior até a formação de ferro.

A partir daí, não há mais reações termonucleares. Ao esgotar sua fonte de energia, as camadas externas da estrela cedem à atração gravitacional e implodem, caindo em direção ao centro. Finalmente, ocorre uma grande explosão, originando a chamada **SUPERNOVA**.

Na explosão da supernova, vários elementos químicos são sintetizados e se dispersam no espaço, misturando-se com o hidrogênio e o hélio, formando outras nebulosas, onde poderão nascer novas estrelas e até novos planetas.

Os elementos químicos que compõem a Terra e o corpo dos seres humanos provavelmente foram sintetizados no espaço por supernovas. Por isso não erramos ao dizer que somos irmãos das pedras e filhos das estrelas!

Na constelação do Touro está a nebulosa do Caranguejo, resultado de uma explosão de supernova, observada por diversos astrônomos no ano de 1054. Outra supernova é a SN-1987-A, descoberta no Chile, em 1987, pelo astrônomo canadense Ian Shelton, na nebulosa da Tarântula, na Grande Nuvem de Magalhães.

A supernova 1987-A.

### Estrela de nêutrons

Após a explosão da supernova, a massa de sua região central possibilita a formação de uma estrela de nêutrons extremamente densa. Isso ocorre porque, durante a contração da estrela, os elétrons são empurrados em direção ao núcleo, combinando-se com os prótons e originando nêutrons. As estrelas de nêutrons dão origem aos **PULSARES**, que são fontes de rádio pulsantes. Um exemplo de pulsar é o que existe no interior da nebulosa do Caranguejo.

---

**SUPERNOVA**

[...] Uma supernova é uma explosão estelar que produz objetos muito brilhantes na esfera celeste e costuma aparecer onde antes não se via nada. Em algumas ocasiões são difíceis de distinguir se o pó que desprendem ofusca seu brilho. [...]
Fonte: noticias.terra.com.br/ciencia/interna/0,,OI2901450-EI301,00.html. Acesso em 07/04/14.
Aprenda mais no Fórum de Astronomia e Astrofísica: cosmobrain.com.br.

**PULSARES**

Estrelas de nêutrons de pequeno tamanho, alta densidade e forte campo gravitacional ($2 \times 10^{11}$ maior que o da Terra). [...] Quando uma estrela com massa entre quatro e oito vezes a do Sol termina de queimar o seu "combustível", ela explode. Como resultado, a região central entra em colapso, de forma que prótons e elétrons se combinam para formar nêutrons. Os pulsos de ondas de rádio emitidos por elas podem ser captados pelos telescópios. [...] A maioria dos pulsares gira entre 7 e 3.750 revoluções por minuto. Pulsares de milissegundo podem girar até 43.000 vezes por minuto.
Fonte: veja.abril.com.br/noticia/ciencia/cientistas-descobrem-mais-brilhante-pulsar-de-milissegundo. Acesso em 08/04/14.

A nebulosa do Caranguejo (NGC-1952 ou M-1).

NASA, ESA, J. Hester, A. Loll (ASU)

Sua força gravitacional será tão grande que nada poderá deter seu colapso. Ela diminuirá violentamente de tamanho até se transformar num **BURACO NEGRO**.

Nessa altura, a estrela vai estar praticamente reduzida a um ponto e terá densidade quase infinita. Seu campo gravitacional será tão intenso que nem mesmo a luz poderá escapar dele. Ele atrairá para o seu interior toda matéria existente em suas proximidades.

Há casos de **ESTRELAS BINÁRIAS**, em que uma das componentes é um buraco negro. Nesses casos, observa-se um grande fluxo de matéria da estrela "viva" para o buraco negro, com emissão de raios X. Como o buraco negro é invisível, só se pode detectar sua presença em certas regiões do céu devido à intensa emissão de raios X em estrelas binárias desse tipo, como é o caso de Cygnus X-1.

## Buraco negro

Outro destino terá uma estrela que no início de sua evolução tenha no mínimo 25 vezes a massa do Sol. Se ela chegar à fase final com um núcleo maior que 2,5 massas solares, ela não poderá formar uma estrela de nêutrons.

> **BURACO NEGRO**
> Observatório Astronômico Frei Rosário da Universidade Federal de Minas Gerais
> www.observatorio.ufmg.br/pas19.htm. Acesso em 08/04/14.

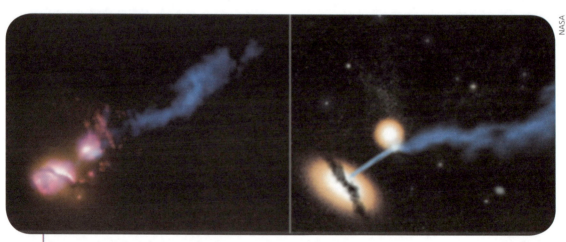

Buraco negro atraindo a matéria de uma estrela companheira.

> **ESTRELA BINÁRIA**
> Trata-se de uma estrela compacta e quente em órbita ao redor de outra maior, ou gigante vermelha.
> Fonte: super.abril.com.br/superarquivo/1989/conteudo_111752.shtml. Acesso em 08/04/14.

# GALÁXIAS

## 5

Imagem dos "Pilares da Criação", existentes na Nebulosa da Águia, que contêm colunas de gás e poeira.

**AS ESTRELAS ISOLADAS OU DUPLAS, PERTENCENTES A AGLOMERADOS, ENVOLTAS POR NEBULOSAS, O SOL E OS PLANETAS ENCONTRAM-SE TODOS EM GRANDES AGRUPAMENTOS ESTELARES: AS GALÁXIAS.**

Até 1923 existia uma controvérsia entre os astrônomos. Uma parte deles estava do lado do astrônomo americano do Observatório Lick (Califórnia), HEBER DOUST CURTIS (1872-1942), para quem as galáxias eram objetos externos à nossa Via Láctea. Outros acompanhavam os pensamentos de outro astrofísico americano, HARLOW SHAPLEY (1885-1972), que não acreditava na concepção de galáxias ou achava que elas eram objetos pertencentes à Via Láctea.

Em 1923, utilizando um telescópio de 2,5 m de diâmetro do Observatório de Monte Wilson (em Los Angeles, na Califórnia/Estados Unidos), o astrônomo Edwin Hubble (1889-1953) descobriu a existência de estrelas na então chamada nebulosa de Andrômeda. Entre essas estrelas, observou algumas chamadas variáveis, cujo brilho oscilava em períodos bem marcados, o que permitiria a determinação de suas distâncias.

Dessa forma, Hubble determinou a distância da galáxia Andrômeda, encontrando na época o valor de aproximadamente 900 mil anos-luz, o que confirmava as ideias de Heber Curtis.

### A Via Láctea

A Via Láctea, nossa galáxia, é vista em sua parte mais densa como uma faixa esbranquiçada que atravessa o céu de ponta a ponta. Uma galáxia

HEBER DOUST CURTIS X HARLOW SHAPLEY
www.astro.iag.usp.br/~laerte/aga295/1_historia.pdf. Acesso em 08/04/14.

como a nossa tem por volta de 300 bilhões de estrelas. O Sol é apenas uma dessas estrelas. Segundo observações realizadas por várias técnicas, nossa galáxia tem forma de espiral e 100 mil anos-luz de diâmetro. O Sol e os planetas estão nas bordas da galáxia, a dois terços de raio do centro.

Entre as galáxias já conhecidas estão as nuvens de Magalhães, duas pequenas galáxias que giram ao redor da Via Láctea a 170 mil anos-luz de distância. O nome foi dado quando ainda se pensava que elas eram nebulosas e foram descobertas pelo navegador português Fernão de Magalhães como duas manchas brancas no céu, visíveis nas proximidades do polo celeste Sul.

A 2,3 milhões de anos-luz da Via Láctea está Andrômeda, que é muito parecida com nossa galáxia — uma espiral que também tem galáxias-satélites a seu redor. Nossa galáxia e a de Andrômeda pertencem ao chamado "grupo local", com aproximadamente 35 galáxias. As galáxias são classificadas por seu formato, estabelecido a partir da distribuição das estrelas que contêm.

A galáxia NGC-205.

## HARLOW SHAPLEY

Astrônomo norte-americano nascido em Nashville, em 1885. Realizou seus estudos na Universidade de Missouri e em Princeton. Trabalhou no observatório de Monte Wilson, foi professor e diretor do observatório da Universidade de Harvard. Destacou-se por suas pesquisas em **FOTOMETRIA** e **ESPECTROSCOPIA**. Estudou a estrutura da Via Láctea em sua dimensão, forma e posição do Sistema Solar. No início de sua carreira, fez um importante trabalho sobre estrelas binárias eclipsantes com métodos para a dedução das dimensões dessas estrelas, medindo a variação de sua luminosidade durante os seus eclipses. Demonstrou que certas estrelas do tipo variáveis não podiam ser binárias eclipsantes e estabeleceu o princípio das estrelas pulsantes. Estudando as cores e magnitudes de estrelas em aglomerados, foi o primeiro a utilizar as **ESTRELAS VARIÁVEIS** como indicadores de distâncias. Seus trabalhos foram muito importantes para a determinação da distância das estrelas e galáxias. Foi um dos primeiros a determinar que existem aglomerados de galáxias e que a Via Láctea é um dos membros do aglomerado local. Faleceu em 1972.

**ESTRELAS VARIÁVEIS** são aquelas que estão num estágio evolutivo cuja luminosidade, e assim seu brilho, varia ao longo do tempo. São consideradas variáveis extrínsecas quando a causa da variação do brilho é externa; se a variação de brilho ocorre por fatores internos, são consideradas variáveis intrínsecas. Tipos de estrelas variáveis:

a) **estrelas binárias eclipsantes** – possuem causa de variação de brilho externa. São estrelas duplas assim denominadas porque a passagem da estrela-satélite em frente à estrela principal provoca a redução do brilho.

b) **estrelas pulsantes** – sua variação de brilho é interna. São estrelas que se dilatam e contraem ao longo do tempo, provocando variação de brilho.

**ESPECTROSCOPIA** é o estudo do espectro das radiações, composto de diversas frequências. No caso das radiações luminosas, cada faixa de frequência corresponde a uma cor. Substâncias diferentes, quando excitadas, emitem radiações de frequências distintas. Por isso, o estudo do espectro de uma estrela permite conhecer a sua composição.

**FOTOMETRIA** é a medição da luz proveniente de um objeto.

A Via Láctea.

A pequena nuvem de Magalhães.

Até agora, conhecemos galáxias elípticas (NGC-205), irregulares (nuvens de Magalhães), espirais (Via Láctea e Andrômeda) e espirais barradas (M-31).

As galáxias se agrupam formando os chamados aglomerados e superaglomerados, como os visíveis nas constelações de Coma Berenice, com aproximadamente 1.200 galáxias; e Hércules, com cerca de 3.000 galáxias. Além das galáxias normais, existem outros aglomerados de astros, conhecidos como núcleos ativos de galáxias, as galáxias Seyfert e os quasares.

A grande nuvem de Magalhães.

As Seyfert são galáxias espirais com núcleos reduzidos e muito brilhantes, que são muito diferentes do restante da formação. Já os quasares são formações menores do que uma galáxia, mas emitem uma quantidade de energia centenas ou até milhares de vezes superior à emitida por uma galáxia normal. Ainda não existem teorias que expliquem facilmente o processo físico que faz com que tanta energia possa ser liberada pelos núcleos dos quasares.

O aglomerado de galáxias da constelação de Hércules está a cerca de 700 milhões de anos-luz da Terra.

Galáxia Espiral Barrada NGC 1365.

A galáxia de Andrômeda, que está a 2,3 milhões de anos-luz da Terra.

O Quasar 3C-273.

# EDWIN POWELL HUBBLE

Astrônomo norte-americano nascido em Marshfield, Maryland, em 1889. Frequentou a escola de Oxford como bolsista e doutorou-se pela Universidade de Chicago. Trabalhou no Observatório de Yerkes e participou da força expedicionária americana que lutou na França. Após a Primeira Guerra Mundial, retornando ao seu país, trabalhou no Observatório de Monte Wilson (na Califórnia) e depois também no Monte Palomar. Em 1923, observando a luminosidade e os períodos de estrelas variáveis, na até então chamada nebulosa de Andrômeda, calculou inicialmente sua distância em aproximadamente 900 mil AL, que seria dez vezes mais distante que as estrelas mais distantes de nossa própria galáxia. Assim, descobriu que eram objetos exteriores à nossa Via Láctea. Descobriu também que as galáxias estavam uniformemente distribuídas e propôs um sistema que permite sua classificação.

Estudando muitas galáxias, Hubble publicou, em 1925, um sistema de classificação conforme sua forma: elípticas, espirais, espirais barradas ou irregulares. O pesquisador faleceu em 1953.

A maioria das galáxias são espirais regulares como a nossa Via Láctea e a galáxia de Andrômeda. No centro delas, ficam as estrelas mais velhas, dali partem braços curvos formados por estrelas mais novas. Outra parte das galáxias são espirais barradas, como é o caso da NGC 1365. Nelas, os braços da espiral partem de uma barra retilínea de estrelas que atravessa o centro. Já as galáxias elípticas, como a NGC 205, não têm braços e variam de formas quase esféricas (E0) a elipses bem acentuadas/achatadas (E7).

Pela figura ao lado e acima, no diagrama estão as galáxias elípticas, representadas pela letra E. Não têm braços e variam de formas quase esféricas (E0) a elipses bem acentuadas/achatadas (E7). Depois, encontramos as galáxias S0 ou lenticulares. Daí o diagrama tem uma bifurcação. No lado esquerdo, estão as galáxias espirais normais, que se dividem em Sa, Sb, Sc e Sd conforme a abertura dos braços. No lado direito, estão as galáxias espirais barradas, que se dividem em SBa, SBb, SBc e SBd também conforme a abertura dos braços. Acima, estão as galáxias irregulares caracterizadas pela ausência de simetria.

O diapasão de Hubble.

O pesquisador Edwin Hubble e seu telescópio.

A galáxia Seyfert NGC-4151.

# ORIGEM DO UNIVERSO

6

Céu noturno estrelado.

DESDE OS ANTIGOS GREGOS ATÉ O FINAL DO SÉCULO XIX, NÃO SE CONHECIAM AS DISTÂNCIAS DOS OBJETOS QUE SE OBSERVAVAM NO CÉU. MUITOS PENSADORES E FILÓSOFOS DERAM SUAS OPINIÕES A RESPEITO DA FINITUDE OU INFINITUDE DO CÉU, MAS SEM QUALQUER PROVA A FAVOR OU CONTRA.

Foi o filósofo alemão *IMMANUEL KANT* quem, por volta de 1750, especulou que as estrelas formavam grandes "enxames" separados por enormes distâncias, o que seria a primeira versão do que hoje chamamos de "galáxias". Já no início do século XX, com o desenvolvimento dos telescópios, ocorreu o grande debate entre Harlow Shapley e Heber Curtis, já mencionado no Capítulo 5, quando pela primeira vez a Via Láctea foi considerada uma entre muitas outras galáxias que existem no universo.

Antes da década de 1920, a maior preocupação dos cosmólogos não era descobrir a origem do universo, mas simplesmente observar seus elementos e descobrir como se comportavam.

*SOCIEDADE KANT BRASILEIRA*
www.kant.org.br/. Acesso em 08/04/14.

Alguns desses estudiosos perceberam que galáxias mais ou menos "próximas" se mantinham juntas devido à atração da gravidade. Mas o grande impulso foi dado pelos astrônomos americanos Edwin Hubble e Milton Humason com seus estudos sobre a luz das galáxias, que indicavam um movimento de afastamento da Via Láctea – quanto mais distante estiver a galáxia de nós, maior a velocidade de afastamento. Isso mostrava que o universo estava em expansão. Como a Via Láctea não ocupa nenhum local privilegiado no universo, um hipotético observador em outra galáxia observaria a mesma expansão. Assim, cada galáxia se afasta de todas as outras sem que exista um centro do universo em expansão.

Essa descoberta deixou os astrônomos em polvorosa. Afinal, se o universo estava se expandindo, amanhã ele seria maior do que hoje. Isso quer dizer que, se voltássemos cada vez mais ao passado, o universo seria progressivamente menor. E, por fim, poderia estar reduzido a um "ponto" de matéria muito densa e concentrada.

Como esse "ponto" teria dado origem ao atual universo? Para os cosmólogos, esse estado muito quente e denso do universo, onde a matéria e a energia eram muito diferentes das que hoje observamos, ficou conhecido como o **BIG BANG** (Grande Explosão). É importante notar que o universo não "explodiu" dentro de algo que já existia, mas ele mesmo entrou em expansão. A expansão universal hoje verificada pelos astrônomos ainda seria consequência dessa explosão inicial, que teria ocorrido há 15 bilhões de anos.

Nem sempre o *Big Bang* foi a explicação preferida dos cientistas, mas são tantas as evidências em seu favor atualmente que quase ninguém duvida de que tenha ocorrido. No entanto, o *Big Bang* não é a única teoria para a origem do universo; é apenas a mais aceita.

O astrônomo britânico Fred Hoyle, por exemplo, defendia a teoria do *Estado Estacionário* ou de criação contínua, pela qual o universo sempre foi como é. Nunca teria havido a explosão e o universo não se expandiria. Apenas se criariam novas fontes de energia nos espaços deixados por essas galáxias e neles outras galáxias surgiriam, mantendo-se assim a mesma densidade média no universo como um todo.

Já os defensores do **UNIVERSO OSCILANTE** acreditam que este nosso universo tenha mesmo se formado a partir de um *Big Bang* ocorrido há 15 bilhões de anos. Também acham que ele deverá se expandir, com as galáxias se afastando umas das outras até que se tornará impossível detectá-las com qualquer tipo de instrumento. Quando ocorrer essa expansão máxima do universo, daqui a trilhões de anos, a atração gravitacional superará a força do *Big Bang*, e as galáxias afastadas começarão de novo a se aproximar, em velocidade crescente. Finalmente, todas as galáxias se amassariam umas contra as outras, numa imensa implosão denominada *Big Crunch* (grande amassamento). Depois, um novo *Big Bang* originaria outro universo. E assim sucessivamente. Isso caracterizaria um *Universo Oscilante* entre expansões e contrações sucessivas e infinitas. Atualmente, estaríamos numa fase de expansão do universo, que teve início com o *Big Bang*.

Uma vez que o destino da expansão do universo depende da sua quantidade de matéria e energia, em princípio pode-se saber o que acontecerá contando galáxias e somando tudo para comparar com as previsões. Contudo, esse método esbarra no problema de que nem toda matéria é visível. Pelo movimento das galáxias, parece haver mais matéria do que observamos nas estrelas e nebulosas, suas componentes principais. Por não ser visível, mas percebida apenas por seus efeitos gravitacionais, é chamada **MATÉRIA ESCURA**, que compõe cerca de 25% da massa do universo.

**SECRETARIA DA EDUCAÇÃO DO PARANÁ**
www.ciencias.seed.pr.gov.br/modules/conteudo/conteudo.php?conteudo=266. Acesso em 08/04/14.

**UNIVERSO OSCILANTE**
super.abril.com.br/saude/ponto-zero-443417.shtml. Acesso em 08/04/14.

**MATÉRIA ESCURA/ENERGIA ESCURA**
• Vídeo: video.if.usp.br/video/materia-e-energia-escuras-indicacoes-de-um-universo-desconhecido-ou-teoria-das-trevas
if.ufrgs.br/~thaisa/fis2003/darkenergy/darkenergy.html. Acesso em 08/04/14.

Além disso, estudos realizados na década de 1990 mostraram que a expansão proposta por Hubble está se acelerando, ou seja, o universo vem se expandindo com velocidade cada vez maior. Alguns cientistas propuseram a existência de uma **ENERGIA ESCURA**, que constituiria cerca de 70% do universo e que seria responsável por uma força antigravitacional que explicaria a expansão acelerada do cosmos.

Dessa forma, se somarmos a matéria escura e a energia escura que faltam, elas devem representar mais de 90% do universo. Ocorre que não existem provas de sua natureza e mesmo constatação em laboratórios. Um dos mais profundos mistérios da cosmologia é que, embora o *Big Bang* e a Física possam explicar muitas observações do universo, ignora-se quase tudo sobre sua verdadeira natureza e composição. Cabe aos cientistas trabalhar para esclarecerem essa situação, o que talvez requeira uma revisão nos conceitos hoje estabelecidos.

O *Big Bang* (grande explosão) e a expansão do universo com o afastamento das galáxias.

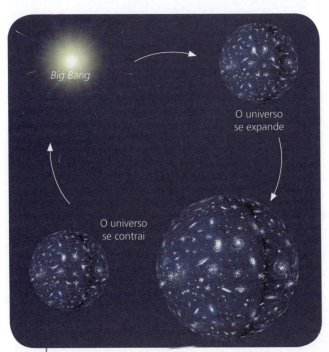

O universo oscilante, com expansões e contrações sucessivas.

Os segredos do universo sempre encantaram o ser humano, que busca caminhos para desvendá-los.

# FOLHA DA CIÊNCIA

## As estrelas mais antigas do Universo

Logo no início de 2014, diversos estudos internacionais revelaram a possível descoberta das estrelas mais antigas do Universo, com idades próximas ao evento que o teria originado: o Big Bang, acontecido cerca de 13,8 bilhões de anos atrás. Calcula-se que essas galáxias datem de 12 até 13,6 bilhões de anos.

Uma das evidências que levaram os astrônomos a essa conclusão é a predominância de hidrogênio e hélio na composição dessas estrelas, enquanto a presença de elementos pesados, como o ferro, é praticamente nula.

Segundo cientistas, o Big Bang produziu somente hidrogênio, hélio e lítio, e elementos como o oxigênio, o carbono e o ferro surgiram das primeiras estrelas, que, ao explodirem em supernovas, espalharam todos esses átomos pelo espaço, semeando nuvens de gás que deram origem a outras gerações de estrelas, de modo que cada geração sucessiva conta com elementos ainda mais pesados. Portanto, o fato de as estrelas descobertas apresentarem baixa quantidade de elementos pesados pode indicar que foram enriquecidas por apenas uma explosão de supernova.

Para conhecer essas pesquisas com mais detalhe, acesse os *links* utilizados como fonte, acessados em 05/06/14:

A estrela mais velha do Universo
www.mensageirosideral.blogfolha.uol.com.br/2014/02/10/a-estrela-mais-velha-do-universo

Hubble caça as primeiras galáxias do Universo
www.mensageirosideral.blogfolha.uol.com.br/2014/01/08/hubble-caca-as-primeiras-galaxias-do-universo

Galáxia fóssil pode estar entre as mais antigas do Universo
Estrelas de galáxia anã podem ser relíquias do Universo inicial
www2.uol.com.br/sciam/noticias/galaxia_fossil_pode_estar_entre_as_mais_antigas_do_universo.html

## Nascem estrelas

Enquanto alguns astrônomos buscam as estrelas mais antigas do Universo, outros vão à procura de estrelas recém-nascidas nos limites da Via Láctea.

Dana Casetti-Dinescu e seus colegas da Southern Connecticut State University, nos Estados Unidos, descobriram estrelas em um enorme fluxo de gás lançado pelas Nuvens de Magalhães, as duas galáxias mais brilhantes que orbitam a nossa Via Láctea — tão brilhantes que são as únicas que podem ser vistas a olho nu.

Os astrônomos destacam que, ao contrário de outros satélites da Via Láctea, as Nuvens de Magalhães têm grandes quantidades de gás, a matéria-prima de novas estrelas.

Das seis estrelas detectadas, cinco se encontram a aproximadamente 60 mil anos-luz do centro da Via Láctea, próximo da periferia do disco estelar de nossa galáxia.

Segundo os estudiosos, elas teriam se formado em sua localização atual mesmo, pois, sendo muito jovens, não teriam tido tempo suficiente, durante seu curto tempo de vida, para viajar das Nuvens até o local onde estão.

Embora a origem dessas estrelas remeta ao gás das Nuvens de Magalhães, elas agora se ligam diretamente à Via Láctea, que tornou seu tamanho ainda mais imponente ao espalhar gás de seus dois satélites mais extravagantes e transformá-lo em novas estrelas.

Veja mais curiosidades sobre a formação de novas estrelas no *link* abaixo, acessado em 05/06/14 e utilizado como fonte:

Nascem estrelas nos limites da Via Láctea
Gases atingem a Via Láctea proporcionando a formação de novas estrelas
www2.uol.com.br/sciam/noticias/nascem_estrelas_nos_limites_da_via_lactea.html

## Matéria Escura

Cientistas afirmam que a maior parte da matéria do Universo é constituída por matéria escura, uma substância oculta e imprecisa. E a colisão de partículas de matéria escura pode ser a causa do excesso de raios gama vindos do centro da nossa galáxia. Nesse caso, o sinal identificado pelo telescópio espacial Fermi, da NASA, marcaria a revelação indireta das partículas pelas quais a matéria escura é composta, além de indicar um novo tipo de partícula subatômica e possivelmente de uma nova força no Universo.

Acredita-se que uma das partículas que constituem a matéria escura sejam as partículas massivas de interação fraca (WIMPs, em inglês). Embora teóricas e até agora não detectadas, elas seriam suas próprias parceiras de antimatéria; portanto, em uma colisão, destruiriam umas às outras da mesma forma que a matéria e a antimatéria. Consequentemente, as autodestruições de WIMPs gerariam partículas de matéria convencional, as quais, por sua vez, criariam partículas de luz ou fótons de energia tão alta que poderíamos observar.

Segundo os cientistas, o melhor lugar para procurar aniquilações é o núcleo da Via Láctea, uma vez que é onde a matéria escura deve ser mais densa. E, buscando raios gama de alta energia, o telescópio Fermi revelou, em sua última análise, que existe mais luz no centro de nossa galáxia que o esperado.

Encontre mais curiosidades sobre a matéria escura no *link* abaixo, acessado em 05/06/14 e utilizado como fonte:

Atividade no núcleo da Via Láctea pode indicar matéria escura
Excesso de raios gama no centro da galáxia sugere autodestruição de matéria escura
www2.uol.com.br/sciam/noticias/autodestruicao_de_materia_escura_pode_estar_em_curso_no_nucleo_da_via_lactea.html

## A origem do Universo

Que o Universo teve origem a partir do Big Bang, todo o mundo sabe. Porém, no início de 2014, cientistas anunciaram uma descoberta que vai muito além desse modelo estimado pelos astrônomos e que ajuda a clarificar a origem do Universo.

Sob liderança de John M. Kovac, a equipe de estudiosos do telescópio do polo Sul detectou oscilações no espaço geradas pela polarização da radiação de micro-ondas, uma expansão antigravitacional iniciada um trilionésimo de um trilionésimo de segundo depois que o relógio cósmico entrou em ação – esta é a teoria da inflação, responsável pelo "bang" no Big Bang.

Há décadas, cientistas têm a teoria da inflação como um modelo-padrão do Universo; porém, por falta de comprovação, tal ideia costumava ser considerada radical. Agora, essas ondas gravitacionais podem ser uma prova da união da gravidade de Einstein, a qual dá força ao Universo, e a teoria quântica, que comanda os átomos em seu interior.

Veja mais detalhes sobre a descoberta no *link* abaixo, acessado em 13/06/14 e utilizado como fonte:

Descoberta clarifica origem do Universo
www1.folha.uol.com.br/ciencia/2014/04/1436478-65279descoberta-clarifica-origem-do-universo.shtml

## Novos planetários

Abril de 2012 foi um mês histórico para Santo André, na Grande São Paulo: a cidade inaugurou seu primeiro planetário, com a promessa de ser um dos melhores e maiores do Brasil, perdendo em tamanho apenas para o do Rio de Janeiro.

Batizado de Johannes Kepler, em homenagem ao astrônomo alemão considerado o pai da mecânica celeste, situa-se em um centro cultural da prefeitura de Santo André, a Sabina – Escola Parque do Conhecimento, e surgiu como um local onde se pode aprender tanto astronomia quanto outras ciências correlatas.

O espaço, que conta com 247 poltronas e acomoda 13 cadeirantes, é o único no País a dispor de um sistema de projeção ótico e digital funcionando sincronizadamente, de modo a reproduzir quase seis mil estrelas pontuais. Esse moderno sistema confere cores e cintilações semelhantes às da natureza, sem poluição nem nuvens. Assim, os espectadores podem ver um céu como se fosse o céu real – ou o mais próximo dele. Além disso, graças a seu sistema de projeção integrada, é possível ter uma visão em 360° do espaço a partir da cúpula do planetário.

Planetário Johannes Kepler
Sabina – Escola Parque do Conhecimento
Rua Juquiá, s/n (entrada na altura do nº 135)
Paraíso - Santo André/SP
F: (11) 4422-2001
De terça a sexta-feira, das 9h às 17h para escolas agendadas; aos sábados e domingos, das 12h às 18h, com fechamento da bilheteria às 17h.
Entrada gratuita para alunos e professores da rede municipal de Santo André, crianças menores de 5 anos e pessoas com deficiência. Demais visitantes: R$ 10, com meia-entrada para estudantes, professores, servidores públicos de Santo André, aposentados e idosos acima de 65 anos.

Fontes:
www.consecti.org.br/noticias/novo-planetario-e-inaugurado-em-centro-cultural-de-santo-andre. Acesso em 25/06/14.
www.viajeaqui.abril.com.br/materias/noticias-planetario-santo-andre. Acesso em 25/06/14.

Quase dois anos depois de Santo André, era a vez de Anápolis ganhar destaque na área da astrologia. Em janeiro de 2014, a cidade goiana inaugurou o Planetário Digital 3D.

O espaço, que tem cerca de 1.200 m² de área construída, se divide em três ambientes. O primeiro, o Planetário Digital – Espaço Imersivo Multidisciplinar, possui poltronas que acomodam até 70 pessoas e uma cúpula em formato hemisférico de 10 metros de diâmetro, na qual há apresentações dos mais diversos espetáculos visuais em projeções digitais *fulldome*. No segundo ambiente, o Observatório Astronômico, quatro telescópios permitem a observação dos corpos celestes. Já no terceiro ambiente, chamado de Espaço de Ciências Afins, há salas exclusivas para crianças e jovens, onde são realizadas oficinas de Matemática, Química, Física, Biologia, Astronomia, mostras de filmes e vídeos educacionais e científicos, além de outras atividades na área de ciência e tecnologia.

Planetário Digital 3D
Praça Cecé Alencar, na Avenida Jamel Cecílio
Bairro JK - Anápolis/GO
F: (62) 3902-1016 (para agendar visitas)
De terça a sexta, das 8h às 21h. Nos períodos matutino e vespertino, a prioridade é para o público escolar. Aos sábados, das 17h30 às 21h30, e domingo, das 5h à 1 h, é aberto para o público em geral. Há duas sessões por turno.

Fonte:
Milhares de pessoas participam da inauguração do Planetário Digital 3D em Anápolis (www.anapolis.go.gov.br/portal/multimidia/noticias/ver/prefeitura-entrega-grande-obra-do-planetairio-digital-3d-em-anaipolis). Acesso em 25/06/14.

Planetário Digital 3D é inaugurado em Anápolis
http://www.jornalopcao.com.br/posts/ultimas-noticias/planetario-digital-3d-e-inaugurado-em-anapolis

## Novos alienígenas

Além do planetário de Santo André, o astrônomo Kepler também dá nome a um telescópio da NASA que em fevereiro de 2014 confirmou a descoberta de mais de 715 mundos alienígenas, isto é, de planetas extrassolares.

O equipamento, posto em hibernação em maio de 2013, dispõe de um fotômetro hipersensível, capaz de medir as ínfimas variações no brilho das estrelas da Via Láctea, o que permite aos cientistas calcular tanto o tamanho quanto o período orbital e a distância que os planetas orbitam a estrela. Tais variações são causadas pelo "trânsito dos planetas", quando estes passam em frente à estrela. Por isso, o método que o Kepler utiliza para encontrar planetas extrassolares é chamado "de trânsito".

Até pouco tempo atrás, os planetas detectados por esse método eram classificados como "candidatos", uma vez que a variação no brilho das estrelas também podia ser explicada por outros fenômenos e confirmada por outros meios, como o de velocidade radial. No entanto, estudos indicaram que havia somente 0,2% de chance de os candidatos que giravam com um ou mais planetas em torno de estrelas não serem de fato planetas. A partir de tal constatação, cientistas planetários da NASA desenvolveram a "verificação por multiplicidade", um método estatístico que funciona apenas quando há mais de um candidato a planeta orbitando a estrela, mas que, por outro lado, aumenta consideravelmente a confiança nas medições.

A confirmação da existência de planetas relativamente pequenos, os quais são mais difíceis de se observar, também foi facilitada graças à verificação por multiplicidade. Prova disso é que a maioria dos novos mundos extrassolares é menor do que Netuno e com massa perto da da Terra.

Com todos os resultados anunciados, o método utilizado com o Kepler ganha o posto de mais eficaz na detecção de novos mundos alienígenas, os quais passam a somar agora 1.750.

Para mais curiosidades e detalhes sobre os mundos alienígenas, acesse o *link* abaixo, utilizado como fonte, acessado em 30/06/14:

Kepler encontra uma coleção de novos mundos alienígenas
www.oglobo.globo.com/sociedade/ciencia/kepler-encontra-uma-colecao-de-novos-mundos-alienigenas-11728003

## OBSERVATÓRIOS E PLANETÁRIOS

**REGIÃO SUDESTE**

**OBSERVATÓRIO NACIONAL – Ministério da Ciência e Tecnologia**
R. General Cristino, 77
São Cristóvão - Rio de Janeiro/RJ
F: (21) 3878-9100 / Fax: (21) 2580-6041
www.on.br/

**OBSERVATÓRIO DO VALONGO - UFRJ**
Centro de Ciências Matemáticas e da Natureza - CCMN
Universidade Federal do Rio de Janeiro - UFRJ
R. Ladeira Pedro Antonio, 43
Saúde - Rio de Janeiro/RJ
F: (21) 2263-0685 / Fax: (21) 2203-1076
www.ov.ufrj.br

**LABORATÓRIO NACIONAL DE ASTROFÍSICA – LNA/MG**
Observatório do Pico dos Dias
Rua Estados Unidos, 154
Bairro das Nações – Itajubá/MG
F: (35) 3629-8100 / Fax: (35) 3623-1544
www.lna.br/

**OBSERVATÓRIO "ABRAHÃO DE MORAES"/SP**
Instituto de Astronomia, Geofísica e Ciências Atmosféricas - IAG-USP
Estrada Municipal s/n
Morro dos Macacos – Vinhedo/SP
F: (19) 3876-1444 / 3886-5855 / 3886-4439
www.iag.usp.br/

**OBSERVATÓRIO ASTRONÔMICO DA SERRA DA PIEDADE (Frei Rosário)/MG**
Universidade Federal de Minas Gerais - ICEx - Física - UFMG
Serra da Piedade – Caeté/MG
F: (31) 3499-5679
www.observatorio.ufmg.br

**OBSERVATÓRIO ASTRONÔMICO DO CTA/SP**
Instituto de Aeronáutica e Espaço - IAE / Centro Técnico Aeroespacial - CTA
Pça Mal. Eduardo Gomes, 50
Vila das Acácias - São José dos Campos/ SP
F: (12) 3947-5246 / 3947-4801 / Fax: (12) 3947- 4800
www.iae.cta.br/

**RÁDIO OBSERVATÓRIO DO ITAPETINGA - ROI/SP**
Centro de Radioastronomia e Aplicações Espaciais - CRAAE
Bairro do Itapetinga – Atibaia/SP
F: (11) 7871-1503
www.craam.mackenzie.br

**OBSERVATÓRIO ASTRONÔMICO DA ESCOLA DE MINAS/MG**
Museu de Ciência e Técnica - Universidade Federal de Ouro Preto – UFOP
Praça Tiradentes, 2035
Ouro Preto - MG
Telefax: (31) 3559-3119 / 3559-1597
www.museu.em.ufop.br/museu/astronomia.php

**OBSERVATÓRIO ASTRONÔMICO DO CDCC/SP**
Centro de Divulgação Científica e Cultural - USP - Setor de Astronomia
Av. Dr. Carlos Botelho, 1465
Campus USP - São Carlos/SP
F: (16) 3373-9191
www.cdcc.sc.usp.br/cda/index.html

**OBSERVATÓRIO ASTRONÔMICO PROF. MÁRIO SCHENBERG/SP**
Faculdade de Engenharia de Ilha Solteira - Universidade Estadual Paulista Unesp
Avenida Brasil, 56
Centro - Ilha Solteira/SP
F: (18) 3743-1000
www.dfq.feis.unesp.br/astro/index.php

**OBSERVATÓRIO ASTRONÔMICO DA UFES/ES**
Centro de Ciências Exatas - Universidade Federal do Espírito Santo - UFES
Av. Fernando Ferrari, 514
Campus Universitário Alaor de Queiroz Araújo - Goiabeiras – Vitória/ES
F: (27) 3335-2828
Fax: (27) 3335-2460
www.cce.ufes.br/

**OBSERVATÓRIO JIRI VLCEK – Ministério da Educação/RJ**
Universidade da Tecnologia e do Trabalho - CEFET
R. Dr. Siqueira, 273 - Parque Dom Bosco - Campos dos Goytacazes/RJ
F: (22) 2726-2800 / Fax: (22) 2733-3079

**OBSERVATÓRIO MUNICIPAL DE CAMPINAS "JEAN NICOLINI" – OMCJN/SP**
Monte Urânia - Serra das Cabras - Distrito de Joaquim Egídio
Distrito de Sousas – Campinas/SP
F: (19) 3298-6566
www.campinas.sp.gov.br

**OBSERVATÓRIO MUNICIPAL DE AMERICANA - OMA/SP**
R. Itacolomi, 1113
Jd. Ipiranga – Americana/SP
F: (19) 3407-2985

**OBSERVATÓRIO ASTRONÔMICO DE PIRACICABA - OAP/SP**
Rod. Fausto Santomauro, km 3 (Rodovia Piracicaba-Rio Claro)
Piracicaba/SP
F: (19) 3413-0990
www.piracicaba.sp.gov.br

**OBSERVATÓRIO MUNICIPAL DE AMPARO/SP**
Parque Ecológico Municipal de Amparo
R. Salerno, s/n
Bairro do Silvestre - Amparo
F: (19) 3807-9088
www.amparo.sp.gov.br

**OBSERVATÓRIO MUNICIPAL DE DIADEMA - OMD/SP**
Av. Antonio Silva Cunha Bueno, 1322
Jd. Inamar – Diadema/SP
F: (11) 4043-6457
www.observatorio.diadema.com.br/

**OBSERVATÓRIO MUNICIPAL ANWAR DAHMA/SP**
Prefeitura Municipal de Presidente Prudente
Cidade da Criança - Rod. Raposo Tavares, km 561
Presidente Prudente - SP
F: (18) 3903-7357

**OBSERVATÓRIO DO CENTRO INTEGRADO DE CIÊNCIAS/SP**
R. João Batista Vetorazzo, 500
Distrito Industrial - São José do Rio Preto/SP
F: (17) 3233-5495 / 3232-9426

**OBSERVATÓRIO DO CIENTEC-USP/SP**
Parque de Ciência e Tecnologia da USP
Av. Miguel Stéfano, 4200
Água Funda - São Paulo - SP
F: (11) 5077-6300
www.parquecientec.usp.br/

**PLANETÁRIO "PROF. ARISTÓTELES ORSINI"**
Av. Pedro Álvares Cabral – Portão 10
Parque Ibirapuera - São Paulo/SP
F: (11) 5575-5206 / Fax: (11) 5575-5425
portal.prefeitura.sp.gov.br/secretarias/meio_ambiente/planetarios

**FUNDAÇÃO PLANETÁRIO DA CIDADE DO RIO DE JANEIRO/RJ**
Av. Padre Leonel Franca, 240
Gávea - Rio de Janeiro/RJ
F: (21) 3523-4040
www.rio.rj.gov.br/planetario

**PLANETÁRIO DO CARMO**
R. John Speers, 137
Parque do Carmo, Itaquera - São Paulo/SP
F: (11) 5575-5425 / 11 5575-5206
www.prefeitura.sp.gov.br/cidade/secretarias/meio_ambiente/planetarios/

**PLANETÁRIO DO PARQUE CIENTEC USP**
Av. Miguel Stéfano, 4200
Água Funda – São Paulo/SP
F: (11) 5077-6314 / 5073-0270
www.usp.br/cientec/endereco/endereco.htm

**PLANETÁRIO DA ESTAÇÃO CIÊNCIA USP**
Centro de Difusão Científica, Tecnológica e Cultural da Pró-Reitoria de Cultura e Extensão Universitária da Universidade de São Paulo
R. Guaicurus, 1394 – Lapa - São Paulo/SP
F: (11) 3871-6750
www.eciencia.usp.br/ec/index.html

**PLANETÁRIO DE SANTO ANDRÉ**
Planetário Johannes Kepler
Parque SABINA
Rua Juquiá, s/n, Bairro Paraíso – Santo André/SP
F: (11) 4422-2000
www2.santoandre.sp.gov.br/index.php/sabina-e-planetario

**PLANETÁRIO DO PARQUE CIDADE DA CRIANÇA**
R. Tasman, 301 – Centro – São Bernardo do Campo/SP
F: (11) 4330-6998 / 4122-1116 / 4121-9891
www.cidadedacriancasbc.com.br/index2.html

**PLANETÁRIO DO MDCC/SP**
Museu Dinâmico de Ciências de Campinas
Av. Heitor Penteado s/n
Parque Portugal (Taquaral) Portão 7 – Campinas/SP
F: (19) 3252-2598 / 3294-5596
www.abcmc.org.br

**PLANETÁRIO MUNICIPAL DE ITATIBA**
Parque Ferraz Costa – Itatiba/SP
F: (11) 4534-3839
www.itatiba.sp.gov.br/

**PLANETÁRIO DE TATUÍ/SP**
Associação de Ensino Tatuiense - Asseta
R. Oracy Gomes, 665
Tatuí/SP
F: (15) 3251-0003 / 3205-1317

**PLANETÁRIO DE BROTAS/SP**
Centro de Estudos do Universo – CEU
R. Emilio Dalla Déa s/n
Campos Elíseos – Brotas/SP
F: (14) 3653-4466 / (11) 3812-2112
www.fundacaoceu.org.br/

**PLANETÁRIO DE PRESIDENTE PRUDENTE/SP**
Planetário "Dr. Odorico Nilo Menin Filho"
Rod. Raposo Tavares, km 561
Cidade da Criança - Presidente Prudente/SP
F: (18) 3903-7357 / 3916-0297

**PLANETÁRIO DE SÃO JOSÉ DO RIO PRETO**
Centro Integrado de Ciência e Cultura – CICC
Av. João Batista Vetorazzo, 500 - Distrito Industrial - São José do Rio Preto/SP
F: (17) 3232-9426
www.centrodeciencias.org.br/Default.aspx#

**PLANETÁRIO DO ESPAÇO DO CONHECIMENTO UFMG**
Praça da Liberdade, s/n - Belo Horizonte - MG
F: (31) 3409-8350 / 3409-8360
www.espacodoconhecimento.org.br/

**FUNDAÇÃO PLANETÁRIO DA CIDADE DO RIO DE JANEIRO/RJ**
Av. Padre Leonel Franca, 240
Gávea - Rio de Janeiro/RJ
F: (21) 3523-4040
www.planetariodorio.com.br

**PLANETÁRIO DE SANTA CRUZ**
Fundação Planetário da Cidade do Rio de Janeiro
Rodovia Rio-Santos, km 1, Cidade das Crianças Leonel Brizola
F: (21) 3395-1966
www.planetariodorio.com.br

**PLANETÁRIO DE VITÓRIA**
Universidade Federal do Espírito Santo
Campus da UFES – Goiabeiras – Vitória/ES
F: (27) 3335-2489
www.planetariodevitoria.org/

**REGIÃO NORDESTE**

**OBSERVATÓRIO ASTRONÔMICO ANTARES/BA**
Universidade Estadual de Feira de Santana - UEFS
Rua da Barra, 925
Bairro do Jardim Cruzeiro - Feira de Santana/BA
Telefax: (75) 3624-1921
www.uefs.br/antares

**OBSERVATÓRIO HENRIQUE MORIZE/CE**
Museu do Eclipse - Praça do Patrocínio Sobral – CE
www.sobral.ce.gov.br/comunicacao/novo2/index.php?pagina=cidade/museu-eclipse.php

**OBSERVATÓRIO ASTRONÔMICO DA TORRE MALAKOFF/PE**
Espaço Ciência
Rua do Observatório, s/n
Bairro do Recife Antigo – Recife/PE
F: (81) 3424-8704 / 3424-8707
www.espacociencia.pe.gov.br/

**OBSERVATÓRIO ASTRONÔMICO DA SÉ/PE**
Prefeitura Municipal de Olinda - Espaço Ciência
Rua Bispo Coutinho, s/n
Alto da Sé – Olinda/PE
F: (81) 3241-3226/3301-6140
www.espacociencia.pe.gov.br/atividade/observatorio-astronomico

**PLANETÁRIO – FUNESC/PB**
Fundação Espaço Cultural da Paraíba
Rua Abdias Gomes de Almeida, 800
Tambauzinho - João Pessoa/PB
F: (83) 224-1360 / 224-9369 / Fax: (83) 225-1082
www.paraiba.pb.gov.br

**PLANETÁRIO RUBENS DE AZEVEDO/CE**
Centro Dragão do Mar de Arte e Cultura
R. Dragão do Mar, 81
Praia de Iracema – Fortaleza/CE
F: (85) 3488-8639
www.dragaodomar.org.br

**PLANETÁRIO MUSEU PARQUE DO SABER**
Museu Parque do Saber
Rua Tupinambás, 275
Bairro São João, Feira de Santana/BA
F: (75) 3624-5058 / 3221-9092
www.museuparquedosaber.ba.gov.br

**PLANETÁRIO DO OBSERVATÓRIO ASTRONÔMICO ANTARES**
Universidade Estadual de Feira de Santana
Rua Oscar Marques, 925 - Jd. Cruzeiro - Feira de Santana/BA
F: (75) 624-1921
www.uefs.br/antares

**PLANETÁRIO ESPAÇO CIÊNCIA**
Espaço Ciência
Parque Memorial Arcoverde
Complexo de Salgadinho – Olinda/PE
F: (81) 3183-5531 / 3183-5524
www.espacociencia.pe.gov.br

**PLANETÁRIO DE PARNAMIRIM**
Secretaria Municipal de Educação e Cultura
Av. Castor Vieira Régis, s/n – Cohabinal – Parnamirim/RN
F: (84) 3643-3931 / 3645-2023
planetariodeparnamirim.blogspot.com.br

**PLANETÁRIO DA CCTECA**
SEMED - Secretaria de Educação do Município
Av. Oviêdo Teixeira, 51 – Jardins – Aracaju/SE
F: (79) 3217-3370
www.cctecaplanetario.blogspot.com

**REGIÃO SUL**

**PLANETÁRIO DO COLÉGIO ESTADUAL DO PARANÁ**
Colégio Estadual do Paraná
Av. João Gualberto, 250 – Centro – Curitiba/PR
F: (41) 3234-5612
www.cep.pr.gov.br/modules/conteudo/conteudo.php?conteudo=90

**PLANETÁRIO INDÍGENA DE CURITIBA**
Parque Newton Maia Freire
Est. da Graciosa, 4.000 – Pinhais/PR
F: (41) 666-6156
www.pnfm.pr.gov.br

**PLANETÁRIO FTD DIGITAL ARENA**
Campus Curitiba da Pontifícia Universidade Católica do Paraná
R. Imaculada Conceição, 1155 - Prado Velho – Curitiba/PR
F: (41) 3271-0322
www.ftddigitalarena.com.br

**PLANETÁRIO DO POLO ASTRONÔMICO CASIMIRO MONTENEGRO FILHO**
Fundação Parque Tecnológico Itaipu – Brasil (FPTI-BR)
Av. Presidente Tancredo Neves, 6731 PTI - Foz do Iguaçu - PR
F: (45) 3576-7203
www.pti.org.br/polo-astronomico

**PLANETÁRIO TRIDIMENSIONAL**
Rua Manoel Estevão, 231 - União da Vitória/PR
F: (42) 3522-3134

**OBSERVATÓRIO ASTRONÔMICO "MANOEL MACHUCA"/PR**
Universidade Estadual de Ponta Grossa – UEPG
Av. Carlos Cavalcanti, 4748
Campus Uvaranas - Ponta Grossa/PR
F: (42) 3220-3199 / Fax: (42) 3220-3042
www.jupiter.uepg.br

**OBSERVATÓRIO ASTRONÔMICO DA UFRGS/RS**
Universidade Federal do Rio Grande do Sul – UFRGS
Av. Osvaldo Aranha, s/n - Porto Alegre/RS
F: (51) 3316-3352
www.if.ufrgs.br/observatorio/

**PLANETÁRIO DA UFSC/SC**
Universidade Federal de Santa Catarina
Campus Universitário – Trindade - Florianópolis/SC
F: (48) 3721-9241
planetario.ufsc.br/

**PLANETÁRIO DO CCNE - UFSM/RS**
Centro de Ciências Naturais e Exatas - Universidade Federal de Santa Maria
Campus - Camobi - Santa Maria/RS
F: (55) 3222-7773
www.ufsm.br/planeta

**PLANETÁRIO DA UFRGS/RS**
Planetário "Prof. José Baptista Pereira" Universidade Federal do Rio Grande do Sul
Av. Ipiranga, 200 - Porto Alegre/RS
F: (51) 3308-5384 / Fax: (51) 3308-5387
www.planetario.ufrgs.br

**PLANETÁRIO DE LONDRINA/PR**
Universidade Estadual de Londrina - UEL
Rua Benjamin Constant, 800
Centro – Londrina/PR
F: (43) 3344-1145
www.uel.br/cce/mct/planetario

**REGIÃO CENTRO-OESTE**

**PLANETÁRIO DA UFG/GO**
Universidade Federal de Goiás
Av. Contorno s/n - Parque Mutirama
Centro – Goiânia/GO
Telefax: (62) 3225-8085 / 3225-8028
www.planetario.ufg.br

**PLANETÁRIO DE ANÁPOLIS**
Av. Jamel Cecílio - Praça Cecé Alencar
Anápolis/GO
F: (62) 3902-1016
www.anapolis.go.gov.br/portal/secretarias/ciencia-tecnologia-Inovacao

**PLANETÁRIO DE BRASÍLIA**
Secretaria de Ciência, Tecnologia e Inovação do Distrito Federal
Setor de Difusão Cultural - Via N1 (Eixo Monumental) – Brasília/DF
F: (61) 3361-6810
www.sect.df.gov.br

**REGIÃO NORTE**

**PLANETÁRIO "SEBASTIÃO SODRÉ DA GAMA"/PA**
Universidade Estadual do Pará - UEPA
Rod. Augusto Montenegro, km 3
Nova Marambaia – Belém/PA
F: (91) 3232-1177 / 3232-1144 / 3232-1055 / Fax: (91) 3232-1143
www.paginas.uepa.br/planetario/

**PLANETÁRIO INDÍGENA DO MUSEU DA AMAZÔNIA**
Jardim Botânico Adolpho Ducke
Av. Uirapuru, s/n - Bairro Cidade de Deus - Manaus/AM
F: (92) 3582-3188
www.museudaamazonia.org.br

**Museu de Ciências da USP**
Av. Miguel Stefano, 4200 - Prédio 7
Água Funda - São Paulo/SP
F: (11) 5077-6335 / 5077-6336 / 5077-6337
biton.uspnet.usp.br/mc/

**Museu de Ciências e Tecnologia – PUCRS**
Av. Ipiranga, 6681 – Prédio 40
Bairro Partenon - Porto Alegre – R/S
F: (51) 3320-3521 / (51) 3320-3597 / Fax: (51) 3320-3903
www.pucrs.br/mct

**Museu Vivo de Ciência e Tecnologia (associado à ABMC)**
Largo do Açude Novo, s/n
Centro – Campina Grande/PB
F: (83) 310-6171 / 310-6319
www.cienciamao.usp.br

**Museu de Astronomia e Ciências Afins (associado à ABMC)**
R. General Bruce, 586
São Cristóvão - Rio de Janeiro/RJ
F. (21) 2580-7010 / Fax: (21) 2580-4531
www.mast.br

**Associação Brasileira de Centros e Museus de Ciência - ABCMC**
R. Lauro Muller, 3
Botafogo - Rio de Janeiro/RJ
Telefax: (21) 2542-7494
www.abcmc.org.br

**Estação Ciência da Universidade de São Paulo (associado à ABMC)**
Rua Guaicurus, 1394
Lapa - São Paulo/SP
F: (11) 3673-7022 / Fax: (11) 3673-2798
www.eciencia.usp.br

**Parque de Ciência e Tecnologia da USP**
Avenida Miguel Stéfano, 4.200
Água Funda - São Paulo/SP
F: (11) 5077-6300
Fax: (11) 5073-0270
www.parquecientec.usp.br

**Parque da Ciência de Viçosa**
Av. P. H. Rolfs, s/n
Campus UFV – Viçosa/MG
F: (31) 3899-2699 / 3899-2499
www.ufv.br/crp

**FILMES E VÍDEOS**

**Maravilhas do Sistema Solar**
2 DVDs
300 min. / Legendado em Português
Produção: BBC

**Vida e morte das estrelas**
45 min. / Dublado em Português
Produção: Flight 33 Productions

**Galáxias distantes**
45 min. / Dublado em Português
Produção: Flight 33 Productions

**A odisseia da Voyager**
46 min./ Legendado em Português
Produção: BBC / Série Cosmos

**O paradoxo de Hawking**
49 min. / Legendado em Português
Produção: Mentorn

**Universos paralelos, a física moderna ao seu alcance**
45 min. / Legendado em Português
Produção: BBC

**Fenômenos do espaço**
27 min. / Dublado em Português
Produção: YorkShire Television

**Paranal (Telescópio VLC), uma janela para o universo**
46 min. / Dublado em Português
Produção: Raymond Telles Productions

**O futuro da Via Láctea**
50 min. / Dublado em Português
Produção: Discovery Channel

**Buracos cósmicos**
45 min. / Dublado em Português
Produção: Flight 33 Productions

**A nova era espacial**
44 min. / Dublado em Português
Produção: Discovery Channel

LINKS INTERESSANTES

**Agências espaciais, institutos de pesquisa etc.**

**AEB - Agência Espacial Brasileira**
www.aeb.gov.br

**SAB - Sociedade Astronômica Brasileira**
www.sab-astro.org.br

**LNA - Laboratório Nacional de Astrofísica**
www.lna.br

**ESO - Observatório da Europa do Sul**
(European Southern Observatory)
www.eso.org

**Nasa – Administração Nacional Espacial e de Aeronáutica**
(National Aeronautics and Space Administration)
www.nasa.gov

**ESA - Agência Espacial Europeia**
www.esa.int

**IAU - União Internacional de Astronomia**
(International Astronomical Union)
www.iau.org

**ANCCT - Agência Nacional para a Cultura Científica e Tecnológica/Portugal**
www.cienciaviva.pt

**OAL - Observatório Astronômico de Lisboa**
www.oal.ul.pt

**Centro Ciência Viva do Algarve/Portugal – Núcleo de Astronomia**
www.ccvalg.pt/astronomia

**Inpe - Departamento de Astrofísica - Instituto Nacional de Pesquisas Espaciais**
www.das.inpe.br

**IAG - Instituto de Astronomia Geofísica e Ciências Atmosféricas da USP**
www.astro.iag.usp.br

**Departamento de Astronomia da USP/SP**
www.astroweb.iag.usp.br

**Centro de Rádio, Astronomia e Astrofísica do Mackenzie**
www.craam.mackenzie.br

**IF/UFRGS - Instituto de Física da Universidade Federal do Rio Grande do Sul**
www.if.ufrgs.br

**Centro de Estudos, Memória e Pesquisa em Educação Matemática da Unicamp**
www.cempem.fae.unicamp.br

**Astronomia e Astrofísica**
Departamento de Astronomia do Instituto de Física da UFRGS
www.astro.if.ufrgs.br/

**Grupo de Astrofísica da Universidade Federal de Santa Catarina**
www.astro.ufsc.br

**Associação Brasileira de Planetários**
www.planetarios.org.br

**Associação Brasileira de Centros e Museus de Ciências (ABCMC)**
www.abcmc.org.br

**Portais, revistas, fóruns etc.**

**Liada - Liga Iberoamericana de Astronomia**
www.liada.net

**Portal de Astronomia e Astrofísica**
www.cosmobrain.com.br

**Portal do Astrónomo**
www.portaldoastronomo.org

**Agência de Notícias da Fapesp**
(Fundação de Amparo à Pesquisa do Estado de São Paulo)
www.agencia.fapesp.br

**Revista de Pesquisa da Fapesp**
www.revistapesquisa.fapesp.br/index.php

**Revista de Astronomia**
www.astronomia.web.st

**Revista Superinteressante**
www.super.abril.com.br

**Revista Galileu**
www.revistagalileu.globo.com

**Revista Scientific American – Brasil**
www.sciam.com.br

**Revista Latino-Americana de Educação em Astronomia (RELEA)**
www.relea.ufscar.br

**Revista Ciência Hoje**
cienciahoje.uol.com.br

**Jornal da Ciência**
www.jornaldaciencia.org.br

**Website do físico e astrônomo Ronaldo Mourão**
www.ronaldomourao.com

**Website de difusão, ensino e divulgação de astronomia**
www.uranometrianova.pro.br/

**Website escolar de ciência e cultura**
www.ciencia-cultura.com

**Fórum Brasileiro de Astronomia**
www.cosmobrain.com.br

**Planetários itinerantes**
www.asterdomus.com.br

**Feira de Ciências Virtual**
www.feiradeciencias.com.br/

**Telescópios na Escola**
www.telescopiosnaescola.pro.br/

**StarChild – Centro de Aprendizagem para Jovens Astrônomos (em português)**
www.heasarc.gsfc.nasa.gov/nasap/docs/StarChild.html

**Sociedade das Ciências Antigas**
www.sca.org.br

**Kits didáticos de astronomia – Universidade Estadual de Feira de Santana/BA**
www.uefs.br/pecs/textos/kitsdt.html

## BIBLIOGRAFIA SUGERIDA

ABDALLA, Maria Cristina Batoni; VILLELA NETO, Thyrso. *Novas janelas para o universo*. São Paulo: UNESP, 2005.

ADAMS, Fred; LAUGHLIN, Greg. *Uma biografia do universo*. Rio de Janeiro: Jorge Zahar, 2001.

AMÂNCIO C. S.; DAL PINO, Elisabete; SODRÉ JR. Laerte; JATENCO PEREIRA, Vera (orgs.). *Astronomia, uma visão geral do universo*. São Paulo: Edusp, 2000.

BRETONES, Paulo Sergio. *Os segredos do sistema solar*. 14. ed. São Paulo: Atual, 2009.

_____ . (org.). *Jogos para o ensino de Astronomia*. Campinas: Átomo, 2013.

CANIATO, Rodolpho. *O céu*. Campinas: Átomo, 2011.

_____ . *O que é astronomia*. São Paulo: Brasiliense, 1981.

_____ . *(Re)descobrindo a Astronomia*. Campinas: Átomo, 2013.

FARIA, Romildo P. (org.). *Fundamentos de astronomia*. 3. ed. Campinas: Papirus, 1987.

HAWKING, Stephen; HAWKING, Lucy. *George e o segredo do universo*. Rio de Janeiro: Ediouro, 2007.

HAWKING, Stephen. *O universo numa casca de noz*. São Paulo: Arx, 2006.

MARK, Garlick A. *O universo em expansão*: do Big Bang aos dias de hoje. São Paulo: Publifolha, 2002.

MOURÃO, Ronaldo Rogerio Freitas. *Livro de ouro do universo*. Rio de Janeiro: Ediouro, 2001.

_____ . *Manual do astrônomo*. Rio de Janeiro: Jorge Zahar, 2004.

PRADO, Arany; ARMELLI, Lilia. *À luz das estrelas*: ciência através da astronomia. Rio de Janeiro: DP&A, 2006.

RIDPATH, Ian. *Guia de astronomia*. Rio de Janeiro: Jorge Zahar, 2007.

VERDET, Jean-Pierre. *O céu*: mistério, magia e mito. Rio de Janeiro: Objetiva, 2000.

VIEGAS, Sueli M. Marino. *No coração das galáxias*. São Paulo: Edusp, 2007.

MORRIS, Richard. *O que sabemos sobre o universo*. Rio de Janeiro: Jorge Zahar, 2001.

# O AUTOR

**PAULO SERGIO BRETONES** nasceu em São Paulo, capital, em 5 de julho de 1965. Iniciou seus estudos de Astronomia em 1979 e, em seguida, passou a fazer palestras no Observatório Municipal de Campinas Jean Nicolini. Entre 1988 e 1993, trabalhou no Planetário do Museu Dinâmico de Ciências de Campinas.

Graduou-se em Química pela Universidade Estadual de Campinas (Unicamp) em 1991, e pela mesma instituição obteve o título de Mestre em Geociências em 1999 e de Doutor em Ensino e História de Ciências da Terra em 2006, em temas relacionados ao ensino de astronomia.

Professor há quinze anos, atua nos ensinos fundamental, médio, pré-vestibular e superior ministrando disciplinas nas áreas de Química, Astronomia e Educação. Atualmente, é professor adjunto do Departamento de Metodologia de Ensino da Universidade Federal de São Carlos (UFSCar). É também coeditor da Revista Latino-Americana de Educação em Astronomia (Relea), Coordenador da Comissão de Ensino e Divulgação (COMED) da Sociedade Astronômica Brasileira (SAB), Coordenador da Seção de Ensino e Divulgação (SEDA) da Liga Ibero-americana de Astronomia (LIADA) e membro da União Astronômica Internacional (IAU).

Bretones tem participado ativamente de projetos de observação do céu e de divulgação astronômica, ministrando palestras e cursos dirigidos a estudantes, professores e ao público em geral. Também tem escrito artigos em jornais e revistas, bem como participado de programas de rádio e TV. Dedica-se à pesquisa na área de Educação em Astronomia e Química e tem apresentado trabalhos em congressos no Brasil e no exterior.